世界一よくわかる
幕末維新

山村竜也

はじめに

幕末維新は、日本史のなかで最も人気の高い時代の一つである。江戸時代の末期、外圧から端を発した日本の危機に、坂本龍馬《さかもとりようま》、高杉晋作《たかすぎしんさく》、西郷隆盛《さいごうたかもり》ら諸藩の志士が立ち上がり、新しい時代を創るために生命をかえりみずに行動した。それに対して、徳川幕府方には新選組などがあらわれ、武士としての節義をあくまでも貫き、滅びゆく主家のために戦った。

立場は違っても、みな自分の信ずるもののために懸命に生きた。そんな若きエネルギーの激突が、幕末維新という動乱の時代を招来し、そこに展開された幾多のドラマが後世の私たちの胸を熱くさせるのである。

しかしその一方で、幕末維新期は政治的に複雑な時代でもあったから、全体の流れや背景を把握するのは決して簡単なことではない。そこで、幕末維新に興味を持った方々のために、この時代をわかりやすく解説したのが本書である。

入門書として読んでいただけるように、文章表現はやさしく平明なことを第一に考えた。内容的には、時代の流れを正確に追いながらも、専門書的な書き方は避け、物語のように読めるものになるように心がけた。

一例としては、できるだけ登場人物の生の声を生かすように配慮した。本人が実際に語った言葉を載せることで、その人物がぐっと身近に感じられるようになるからだ。だから、本文中のセリフ部分は想像ではなく、すべて何らかの史料にもとづいたものになっている。

また、本書のもう一つの特色として、登場人物の写真および肖像画をできるだけ多く収録した。歴史上の人物を知ろうとするとき、その人物がどのような容貌をしていたのかは大事なポイントである。幸い、幕末には西洋から写真技術が導入され、当時の人物の姿が多く後世に残された。私たちは運がよかったということができるだろう。

本書は、幕末維新が世界一よくわかるように書いたつもりであるので、この時代に興味を持った読者の方々にはぜひ手に取っていただきたいと思っている。そして本書によって、この時代をより一層好きになっていただけたなら、同じ幕末維新好きとしてこれほどうれしいことはない。

刊行にあたっては、祥伝社黄金文庫編集部に大変お世話になった。心より御礼申し上げるしだいである。

明治維新から一五〇年目の春に

山村竜也

世界一よくわかる幕末維新——目次

第二章　風雲の京洛——尊攘志士vs新選組　63

第三章

倒幕への道——薩長同盟成立と幕府の終焉

第五章　迷走する明治政府――新政府の分裂と士族反乱　227

図版作製　J-ART
装丁　フロッグキングスタジオ

［第一章］

動乱の序曲

——日本、泰平の眠りから覚める

黒船来航が招いた幕末の動乱

二百数十年にわたって鎖国政策をとっていた日本に、激震を与えたのは、嘉永《かえい》六年（一八五三）六月三日に来航したペリー率いるアメリカ艦隊だった。

その日の午後五時ごろ、江戸湾の浦賀沖に突如として姿を現したのは、マシュー・カルブレイス・ペリー提督を長とするアメリカ東インド艦隊の軍艦で、旗艦サスケハナ以下、ミシシッピ、サラトガ、プリマスの四隻だった。

巨大な艦体は黒く塗装され、多くの大砲が搭載されていた。煙突からは黒煙をあげ、櫓《ろ》や櫂《かい》もないのに水上を自由に動きまわる。この信じがたい光景に人々は驚愕《きようがく》し、沿岸では「黒船」が来たといって大騒ぎとなった。

すぐさま浦賀奉行所の与力中島三郎助《なかじまさぶろうすけ》が、小舟に乗ってサスケハナ号にこぎつけ、身分を浦賀副奉行と偽って応対にあたった。しかし、ペリー自身は会おうとはせず、代わりに応対した副官のコンティ大尉が来日の目的についてこう答えた。

マシュー・C・ペリー（1794〜1858）
アメリカ海軍の軍人

「本艦隊は、合衆国大統領から日本国皇帝にあてた国書をたずさえ、平和的な使命をおびて派遣された。国書の原本を正式に手渡すに先立って、国書の写しと翻訳を渡すので、日本の最高位の高官と会見したい」

当時のアメリカ大統領フィルモアから、日本の将軍にあてた国書を届けるため、彼らはやってきたのだ。これに対して中島は、日本の法律では外交問題を話し合える場所は長崎のみと決められているので、そちらへ艦隊を移動してほしいといったが、コンティはきっぱりと拒絶した。

翌日、やはり与力の香山栄左衛門《かやまえいざえもん》が浦賀奉行と名乗って交渉にあたったものの、浦賀奉行程度の者ではアメリカ側は承知しなかった。しかも、日本政府が国書を受け取るにふさわしい高官を派遣しないならば、武力をもって上陸するだけだと脅すのだった。

当時の将軍は一二代徳川家慶《とくがわいえよし》だったが、幕府の実質的な最高権力者は、老中首座の阿部《あべ》正弘《まさひろ》だった。浦賀奉行からの報告を聞いた阿部は対応に苦慮したが、アメリカ艦隊の強大な戦力を目《ま》の当たりにしては、その申し出を聞き入れるほかに道はなかった。

「旧例に反し、国禁を破るのは遺憾であるが、軽率にこれを拒絶し、兵端を開いて国家を危難におとしいれるのは得策ではない。しばらく屈辱を我慢し、申し出を許して、早く退去させ、そのあとで衆議を尽くして国論を決め、彼が再来したときに回答をすればいい」

阿部はこういって、アメリカ大統領からの国書を受け取ることを決めた。

六月九日、久里浜に設置された特設会場で国書の授受が行われた。日本の最高顧問とその補佐役という肩書で儀式にのぞんだのは、実は浦賀奉行にすぎない戸田氏栄《とだうじよし》と井戸弘道《いどひろみち》の二人だったが、幸いにアメリカ側に発覚することはなかった。

国書を受け取った日本側は、回答は来年の春にするので、すぐに国外に退去してほしいと申し入れた。ペリーはこれに応じ、来春の再来を約束して日本を去ったのだった。

では、このとき受け取った国書には、何が書かれていたのだろうか。それは次のようなアメリカからの要求だった。

「私は、いま海軍提督ペリーに命じ、艦隊を貴国の有名な大都市である江戸に派遣する。

その目的は和親、交易、アメリカ船への石炭・食料の補給、および難破民の保護である」

当時、アメリカは太平洋における捕鯨業が盛んで、そのための寄港地が太平洋のどこかに必要だった。また、太平洋を横断して清（中国）と貿易をするときの中継地点も必要としており、いずれの目的にとっても日本が格好の候補地となったのである。

しかし、その要求に応じることは日本を開国させることを意味しており、二百数十年の間、鎖国を続けてきた日本政府にとっては、容易に聞き入れることのできないものだった。まさに徳川幕府始まって以来の危機であり、このペリーの来航が、幕末維新という動乱の時代の幕を開けることになったのである。

揺らぐ徳川幕府の鎖国政策

ペリーのアメリカ艦隊をとりあえず退去させることに成功した老中阿部正弘は、彼らが再びやってくるまでの間に国論を決定しなければならなかった。

そのために阿部がとった方法は、諸大名や藩士、幕臣たちにアメリカからの国書を回覧し、開国要求に対する意見を広く募るというものだった。

これに応じて集まった意見書は、七一九通を数え、内訳は大名二五〇通、藩士一五通、幕臣四二三通、学者二二通、ほかに庶民から九通が寄せられたという。

そのうちの多くが鎖国の祖法を守れというもので、前水戸藩主の徳川斉昭《なりあき》などは、「無礼なアメリカに和を講じてはならない。徹底的に攘夷（外国を打ち払うこと）の大号令をかけ、国威をあげて戦うべきである」と勇ましい攘夷論を唱えた。

もっとも斉昭の勝算は、「剣や槍による戦いはわが国の得意とするところであるから、剣槍《けんそう》があればアメリカの戦艦や銃砲も恐れるにたりない」という程度のものだった。

それに対して、前老中で佐倉藩主の堀田《ほった》正睦《まさよし》は、「いま、開戦しても、とうてい勝ち目がないから、しばらく交易を許し、十年後に彼我の状況を勘案して、その後の方針を決定すればよい」と上申した。現実を見すえた冷静な意見だった。

また、意見書のなかで幕閣の目をひいたのは、無役の旗本勝義邦《かつよしくに》（海舟《かいしゅう》）のもので、「わが国は開国するべきである。貿易を盛んに行って、富国強兵を果たす」といった積極的な開国論だった。勝はこの卓抜した意見書がきっかけとなって、やがて幕閣内で異例の出世をとげることになる。

阿部正弘（1819～1857）
福山藩主・老中（福山誠之館同窓会蔵）

これらの武士階級による意見書にまじり、前述したようになぜか庶民から寄せられたものもあった。いくらなんでもアメリカからの国書を庶民にまで回覧したとは思えないから、おそらくは有志が自発的に建言したものであったのだろう。

なかでも傑作であったのは、新吉

原の遊女屋、久喜万字屋の主人藤吉の意見書で、次のように書かれていた。

「なにげなく漁業をしているようすで異国船に近寄り、鶏や薪水や、そのほか外国人の望む漆器とか絵画などを贈って、親しくなり、だんだん打ちくつろぎ、そのうちに外国船に乗り込み、酒盛りなどを始める。そうこうしている間に、酒に酔ったふりをしてまず日本人同士でけんかを始める。そうすると外国人も、口を出し手を出すようになるだろう。それを合図に、軍艦の火薬庫に火をつけ、また鮪包丁で、片っ端から外国人を切り捨てる。成功はまちがいなしです」

冗談のような話だが、事実こういった意見書が幕府に寄せられた。阿部正弘は、どのような顔でこれを読んだのだろうか。

ともあれ、阿部のもとに集まった意見は、大きく分けて先にあげた三つ、すなわち攘夷論、消極的開国論、積極的開国論ということになった。そのなかから、衆議のすえに阿部が選択したのは、二番目の消極的開国論に近いものだった。確かに、攘夷が不可能ならば、とりあえず開国するしか方法はない。当時の状況からすれば、最善の判断といっていいだろう。

しかし、このとき阿部が、幕閣以外の者の意見を広く募ったことは、大きな問題を含んでいた。政策を決定するために意見を聞いたということは、幕府に問題を解決する能力がないことを露呈しているのも同然だったからだ。

事実、このことによって幕府の権威は弱まり、政治に口をはさむ者が激増した。やがてそれが幕府崩壊につながっていったのだから、事態を招いた阿部の責任は重大といっていい。

もちろん、広く意見を聞くということじたいは民主主義に通じるものであり、政治家として評価されるべきものだが、結果的に幕府を弱体化させてしまったことは否定できない事実である。阿部正弘という政治家の評価が賛否両論に分かれる理由が、ここにある。

ペリーのアメリカ艦隊、再来する

ペリーのアメリカ艦隊が退去してまもない七月十八日、今度はプチャーチン提督率いるロシア艦隊が長崎に来航した。アメリカが一足先に日本に開国を迫ったことを知り、競争に遅れまいと、急ぎ四隻の軍艦を派遣したのだ。

幕府からは大目付格の筒井政憲《つついまさのり》、勘定奉行の川路聖謨《かわじとしあきら》らが長崎に送られ、対応にあたったが、ロシアはアメリカほど強硬な姿勢に出なかったこともあり、交渉は長引いた。そうこうしているうちに、ロシア本国がトルコとの間に始めたクリミア戦争の情勢が悪化して、やむなくプチャーチンらは、安政《あんせい》元年（一八五四）一月、帰国の途についてしまった。

すると今度は、そんなロシアの動きを知ったペリーが行動を再開した。日本を去ったペリーは、琉球（沖縄）を制圧したあと、香港に滞在していたが、その間にロシア艦隊が日本と交渉していると知って動揺した。

また、このほかフランスにも同様の動きがみられたため、日本を開国させる一番手としての名誉が欲しかったペリーとしては、急いで再び日本に向かわざるをえなかったのだった。

予定では春を待って出発するはずだったのだが、真冬の海の危険さを無視してまでも艦隊は香港を出航した。こうして安政元年一月十六日、新たにポーハタン号を旗艦とする七隻（のち九隻）のアメリカ艦隊が日本に再来したのだった。

E・プチャーチン（1803〜1883）
ロシア海軍の軍人

前年を上回る武備のアメリカ艦隊は再び人々を恐れさせ、しかも今度は浦賀にとどまらず、江戸湾内の羽田沖にまで強引に侵入した。幕府は浦賀まで引き返すように訴えたが、ペリーは承知せず、結局、中間の横浜で会談が行われることになった。

今回、幕府から交渉に関する全権を与えられて派遣されたのは、儒者の林大学頭《はやしだいがくのかみ》で、これに町奉行の井戸覚弘《いどさとひろ》、浦賀奉行の伊沢政義《いざわまさよし》、目付の鵜殿長鋭《うどのながとし》が委員として加わった。

老中阿部正弘としては、前年の来航後に、一二代将軍の家慶が没したことを理由に、交渉をできるだけ引き延ばしたかったが、そのような言い訳が通用する相手ではなかった。ただし、基本的に開国もやむなしという方針は決定していたから、あとはどの程度譲歩すればアメリカが納得してくれるかにかかっていた。

交渉は二月十日から行われ、数回にわたる交渉の結果、ついに三月三日、歴史に残る日米和親条約（神奈川条約）が締結された。条約は一二か条からなり、その主な内容は次のとおりであった。

①日本とアメリカの間に和親を結ぶこと
②下田、箱館を開港し、アメリカの船に薪水、食料、石炭などを供給すること
③アメリカの難破船の乗員を保護すること
④下田にアメリカの官吏を駐在させること
⑤アメリカに最恵国待遇を与えること

最後の最恵国待遇というのは、たとえば今後、日本が他の国と条約を締結した場合、そ

の条件と同程度の恩恵がアメリカに与えられるというものだ。ペリーにしてみれば、まさに思いどおりの条約締結に成功したといっていいだろう。

こうして、二百数十年続いてきた幕府の鎖国政策には終止符が打たれ、このあと日本は、相次いで来日したイギリス、ロシア、オランダとの間にも同様の条約を結ばざるをえなくなったのだった。

なお、ペリーは最終目標であるはずの通商貿易を実現できずに帰国したわけだが、ペリー自身の日記を読むと、とくに残念そうな感じはみられない。今回の和親条約という成果で満足しているようなのだ。証拠として、日記の一節を引用しよう。

「これほど大幅な譲歩が引き出せるとは、この遠征を資金面で支えているアメリカの国民のうち、どんな楽天家でも予想しなかっただろう」

つまり日本は、しなくてもいい譲歩をしてしまったのだった。今も昔も、日本という国は外交下手と、あらためて痛感させられる。

ハリスと日米修好通商条約

ペリーが日本を去って二年後の安政三年（一八五六）、七月二十一日にアメリカ使節のタウンセンド・ハリスが駐日総領事として来日した。これは、日米和親条約の条文中、「両国政府のいずれか一方がこれを必要と認めた場合、下田にアメリカ官吏を駐在させることができる」という部分に従って、派遣されたものだった。

ところが日本側の条約の訳文では、肝心の箇所が、「両国政府が必要と認めた場合——」となっていたため、日本側に相談もなしに領事が突然やってきたことは大問題となった。しかし、実際に条約の英文では上のように明記してあったのだから、日本側の苦情など通るはずもない。

文言の食い違いがアメリカの意図的なものであったのか、それとも日本が単に誤訳しただけのものだったのかはさだかでない。ともかく以後の数年間、ハリスは初代駐日総領事として、日本に滞在することになったのである。

このハリスの駐日の目的は、ペリーがやり残した仕事、すなわち日米間の通商条約の締結だった。もともとハリスは商人の出身であったので、通商に関する交渉には適任といってよかった。

下田に赴任したハリスは、同行の通訳ヒュースケンとともに宿舎の玉泉寺に入り、そこを領事館として幕府との交渉を開始した。ただし、幕府のほうは通商条約を結ぶつもりはなかったから、下田奉行の井上清直《いのうえきよなお》らを通じて適当にあしらおうとした。のらりくらりと回答を引き延ばしているうちに、やがて交渉をあきらめて帰国してくれればと、幕府は期待していたのだ。

しかし、これはハリスには通用しなかった。下田にいたままでは事態は進展しないとさとったハリスは、江戸に出て将軍に直接謁見して交渉にあたりたいと主張した。

幕府はもちろんこれを断ったが、

T・ハリス（1804～1878）
駐日アメリカ総領事
（玉泉寺ハリス記念館蔵）

ハリスの強硬な姿勢に態度をあらため、とりあえず和親条約の範囲内で、ハリスの要求を検討することにした。こうして安政四年（一八五七）五月二十六日に日米間で締結されたのが、下田協約と呼ばれる小条約だ。

主な内容は、アメリカ人が日本で犯した罪はアメリカの法律で裁くという領事裁判権や、アメリカの貨幣を同種の日本貨幣と交換するときは同重量で行うといったものだった。

これでハリスが満足してくれればよかったが、やはりそうはいかなかった。あくまでも通商条約の締結をめざすハリスは、再び強硬に江戸出府を訴え、幕府もついにこれを許可せざるをえなかった。

同年十月十四日、宿舎とされた九段の蕃書調所《ばんしょしらべしょ》（幕府の洋学研究所）に着いたハリスは、二十一日に江戸城内で一三代将軍徳川家定《いえさだ》に謁見する。

家定には軽い身体障害があり、このときもやや奇妙な行動をとったというが、言語ははっきりとしており、「遠方の国から、使節をもって送られた書簡に満足する。同じく、使節の口上に満足する。両国の交際は、永久に続くであろう」と、ハリスに告げた。

この儀式のあと、二十六日にハリスは、阿部正弘に代わる老中首座の堀田正睦と会談し、通商条約の必要性について熱く語った。そのなかでハリスは、貿易は日本に大きな収益をもたらすであろうと説くと同時に、次の点を強調した。

「私は、外国が日本にアヘンの押し売りをする危険があることを強く指摘した。そして私は、日本にアヘンを持ち込むことを禁ずるようにしたいと述べた」

当時、隣国の清は、イギリスからアヘン（麻薬）を売られたために大混乱となり、アヘン戦争（一八四〇～一八四二）と呼ばれる戦争を経て、イギリスの植民地のようになってしまっていた。もちろん日本の有識者はみなその事実を知っており、そうしたアヘンの恐怖が、対外貿易を始めるにあたっての最も不安な点でもあった。

堀田正睦（1810～1864）
佐倉藩主、老中

だから開明的な老中堀田としては、アメリカがその不安を払拭してくれるのならば、通商に踏み切るのも悪くないと判断した。そして、条約交渉を開始することを決断し、全権委員として幕閣随一の俊秀といわれる目付の岩瀬忠震《いわせただなり》、および下田奉行の井上清直の二人を任命したのだった。

交渉は十二月十一日から開始され、連日のように談判が行われた。あらかじめハリスは、日米和親条約と下田協約の内容を含んだ通商条約案を用意しており、それをたたき台にして両国のやりとりが続けられた。

さすがに交渉は簡単には進まず、年明けの安政五年（一八五八）一月十二日まで、一四回にわたる交渉が行われた。そしてようやくのことで、日米修好通商条約一四か条が両国間で合意に達したのだった。

前二回の条約に新たに加えられた主な内容は次のとおりである。

①アメリカ公使の江戸駐在を許可すること
②日本とヨーロッパ諸国との間に紛争が起こった場合はアメリカが仲介すること
③下田、箱館のほかに神奈川、長崎、新潟、兵庫を開港すること
④江戸、大坂を開市すること
⑤開港場におけるアメリカ人の居住を認めること
⑥アヘンの輸入を禁ずること

このほかに付則として、関税率などを定めた貿易章程七則も作成された。

ようやくここまでこぎつけた岩瀬、井上らの幕閣だったが、条約の締結に対しては、前水戸藩主の徳川斉昭に代表される反対勢力もいまだ大きかった。

それらを押さえ込まないことには、幕府としても、条約に調印することははばかられたのである。

尊王攘夷思想の大流行

日本とアメリカの間で合意をみた日米修好通商条約を締結するため、老中首座の堀田正睦は、条約の勅許、つまり京都の天皇から許可を受けることによって、反対派を押さえ込もうとした。朝廷の権威を利用して、事態を解決しようとしたのだった。

ところが、これが完全に裏目に出た。

安政五年（一八五八）二月五日、みずから朝廷への使者として上洛した堀田は、条約勅許を願い出たが、朝廷側の猛反対にあって許可を得ることができなかったのだ。本来、政治的権力など失っていたはずの朝廷が、予想外の反応をみせたことは堀田にとっての大誤算というほかなかった。

では、なぜ朝廷は急に強気な態度に出ることができたのか。それには、当時国内で流行し始めていた「尊王攘夷《そんのうじょうい》」という思想が関係していた。

尊王論というのは、文字どおり天皇を尊ぶ思想で、攘夷論というのは、外国を退けようとする思想だ。いずれも中国の儒教に由来しており、江戸時代をとおして存在する考え方だった。

それが十九世紀はじめ、徳川御三家の一つである水戸藩の後期水戸学において、尊王論と攘夷論を融合させた尊王攘夷論が唱えられ、広く世間に流行するようになった。特に、文政八年（一八二五）に同藩の思想家・会沢正志斎《あいざわせいしさい》が『新論』を発表すると、同書の主張する尊王攘夷論が後進に大きな影響を与えた。

梅田雲浜（1815～1859）
小浜藩士

そして、後進たちの一部は「志士」と呼ばれる行動家に成長し、ペリーのアメリカ艦隊来航後は攘夷がより具体的なものになったことから、一層、積極的に尊王攘夷が叫ばれるようになったのである。

梅田雲浜《うめだうんぴん》（若狭）、梁川星巌《やながわせいがん》（美濃）、頼三樹三郎《らいみきさぶろう》（京都）といった初期の志士たちは、京都に集結して

孝明天皇（1831〜1866）
第121代天皇（泉涌寺蔵）

同盟を結び、朝廷に対して尊王攘夷思想を吹き込んだ。

日本の真の君主は将軍ではなく天皇だと説かれれば、朝廷側も悪い気はせず、そのうえ、もともと天皇や公家たちは伝統的権威のなかに生きてきたため、外国人をけがらわしいものと信じ込んでいたから、雲浜らの論説はすんなりと受け入れられることになった。

とくに当時の孝明《こうめい》天皇の外国人嫌いはかなりのもので、「異人の願いどおりになっては天下の一大事で、私の代からそうなっては、のちのちまでの恥ではないだろうか。伊勢神宮に対しても恐れ多く、先代の方々に対しても不孝であり、私は身の置き所もなくなってしまうのではないかと誠に心配である」といって、開国に猛反対していたほどだった。

そんな尊王攘夷の空気が朝廷を支配していたさなかに、老中堀田は京都にやってきたのだ。これでは条約の勅許など得られるはずがない。江戸から持参した多額の賄賂も功を奏せず、二か月の滞在のすえ、堀田は何の成果もないままに京都をあとにした。

こうして、堀田は条約勅許に失敗した。しかし、問題は単に勅許を得られなかったという点にあるのではない。それよりも重大な問題は、朝廷に初めて政治参加を許してしまったところにある。

徳川幕府が始まって以来、朝廷は幕府によって政治権力の外に置かれていたのに、ここにきて幕府がみずから政治への発言権を与えてしまった。しかも、幕府が許可を願い出なければならないような格上の存在としてだった。これは堀田の大失策というほかないだろう。

ペリー来航のさいに阿部正弘がとった諮問政策もそうだったが、それにもまして今回の堀田正睦の条約勅許運動は、幕府の権力を弱体化させる原因となった。二人とも本来すぐれた政治家であっただけに、致命的ともいえる判断の誤りが惜しまれる。

政界を揺るがす将軍継嗣問題

条約勅許問題とほぼ同時に、この時期の政界を騒がせている問題がもう一つあった。将軍継嗣《けいし》問題と呼ばれるものである。

時の将軍家定は、前述したように障害を持っており、体が弱く、子供をつくることもできなかった。そのため、関係者たちの間では、次の将軍を誰にするかという問題が早くから持ち上がっていたのだ。

御三家のなかから有力候補となったのは二人いて、一人は家定の従兄弟にあたる紀州藩主の徳川慶福《よしとみ》（十三歳）、もう一人は水戸藩の徳川斉昭の子の一橋《ひとつばし》（徳川）慶喜《よしのぶ》（二十二歳）だった。

二人をくらべると、血筋の点でいえば紀州の慶福で申し分ないが、年齢が若すぎるのが問題ではあった。対する一橋慶喜は英明のほまれ高く、年齢的にも適任といってよかったが、水戸藩からは将軍を出した前例がないというのが難点だった。

この二人の候補には、それぞれをかつぐ大名たちが現れ、安政三年（一八五六）ごろから両派は対立するようになる。

慶福を推していた側は「南紀《なんき》派」と呼ばれ、彦根藩主井伊直弼《いいなおすけ》、老中松平忠固《まつだいらただかた》ら保守派の大名が名をつらねていた。一方の一橋慶喜を擁立する「一橋派」は、福井藩主松平慶《よし》永《なが》（春嶽《しゅんがく》）、薩摩藩主島津斉彬《しまづなりあきら》ら改革派の大名などで構成されていた。

平穏な時代であったならば、血筋優先ということで慶福にすんなり決まるところだったが、ペリー来航以来の国難にあたり、難局に対応できる英才をということで慶喜を推す声も少なくなかった。

徳川家茂（1846～1866）
14代将軍（徳川記念財団蔵）

この南紀派と一橋派の対立は、条約勅許問題で沸く京都にまで舞台を移す。安政五年（一八五八）に入ると、一橋派の松平慶永が家臣の橋本《はしもと》左内《さない》を、同じく島津斉彬が西郷吉之《さいごうきちの》助《すけ》（隆盛《たかもり》）を京都に派遣して、一橋慶喜を指名する勅状を朝廷から出させようとしたのだ。

南紀派の井伊直弼も負けておらず、家臣の長野主膳《ながのしゅぜん》を送って敵の工作を阻止させた。そして両派のぎりぎりのせめぎ合いの結果、将軍継嗣を指名する勅状は出されることなく終わった。

同時に南紀派は、堀田正睦の留守中に大奥工作を進め、大奥の力を利用して将軍家定を洗脳しようとした。これが成功し、家定直々のお声がかりとして、四月二十三日に南紀派の井伊直弼が大老に就任することになる。

大老というのは、老中の上位に臨時に設置される幕府の最高権力職で、家格の高い井伊家の者が老中になると、一気に大老にまで昇るという慣例になっていた。

この地位に井伊がついたことにより、将軍継嗣問題は南紀派の勝利ということで決着した。五月一日、家定から幕閣に対して、跡継ぎを紀州の慶福とすることが内々に発表された（正式発表は六月二十五日）、継嗣問題は終結した。

就任早々に政界を揺るがす難問を片付けた井伊は、次に、もう一つの難問である条約調印問題にのぞんだ。

前述したように堀田正睦が条約の勅許を得ることに失敗したため、アメリカとの交渉は頓挫してしまったが、総領事ハリスをこれ以上、日本側の事情で待たせるわけにはいかなかった。そのうえ、ハリスから、イギリス・フランス連合軍が清国を完全に制圧し、次は日本をねらっているとの情報がもたらされた。

清をアヘン漬けにしたイギリスが、もし日本に攻めてくるとすれば、アメリカよりももっと苛酷な条約を突き付けることだろう。そう危惧した井伊は、ハリスとの条約交渉を再開させるべく、交渉の実務担当者である岩瀬忠震と井上清直を神奈川の小柴沖に派遣した。

そして六月十九日、軍艦ポーハタンの船上で両国代表が会談し、ついに日米修好通商条約が締結されたのである。井伊も、本心ではもう少し時間かせぎをして、その間に勅許を得て条約の調印にのぞみたかったのだが、その猶予はもはやなかった。ともあれ井伊直弼の剛腕で、大老就任後わずか二か月の間に、二つの大きな問題が解決されたのだった。

安政の大獄により吉田松陰死す

安政五年（一八五八）六月十九日、日米修好通商条約をアメリカとの間に結んだ日本は、続いてイギリス、フランス、ロシア、オランダとも同様の条約を締結した。いわゆる安政の五か国条約で、アメリカとの通商貿易を応諾した以上、ほかの諸国からの申し出を拒否することはできなかったのだ。

しかし、この幕府の開国の動きを、孝明天皇は許さなかった。自分の許可を得ずに開国を進める幕府に対して、天皇は、退位したいとまでいい出すほどの憤りをみせた。

そして八月八日、尊王攘夷の総本山である水戸藩に対して、「戊午《ぼご》の密勅《みっちょく》」と呼ばれる勅状が下された。戊午はこの年の干支《えと》で、内容は幕府の違勅調印を批判し、水戸藩に攘夷の推進をうながしたものだった。

もちろん、朝廷が幕府の頭越しに諸藩に対して勅書を送るなどは、本来ありえないことだった。事態を重くみた大老井伊直弼は、さっそく関係者の取り締まりに乗り出した。これをきっかけに、将軍継嗣問題以来の反井伊派に対する弾圧が始まり、安政の大獄と呼ばれる大弾圧事件となっていくのである。

このとき井伊の命を受けて上洛したのは、側近の彦根藩士長野主膳と老中間部《まなべ》詮勝《あきかつ》だった。彼らは尊攘派の志士や公卿の家臣を次々と捕縛し、江戸の牢獄に送り込んだ。

京都志士中の大物であった梁川星巌は、幕吏の踏み込む直前にコレラにかかって急死していたが、同志の梅田雲浜が縛につき、鵜飼吉左衛門《うがいきちざえもん》と子の幸吉（水戸藩士）、小林良典《こばやしよしすけ》（鷹司《たかつかさ》家家臣）が捕えられた。さらに池内大学《いけうちだいがく》（儒者）が自首し、頼三樹三郎が捕縛された。

そのころの長野主膳の報告書には、「梁川星巌方へ集まっていた頼三樹三郎、池内大学、梅田源次郎（雲浜）の四人は、反逆の四天王と自称しています」とある。まさに京都の政界を牛耳っていた志士の四天

井伊直弼（1815～1860）
彦根藩主、大老（豪徳寺蔵）

橋本左内（1834～1859）
福井藩士（福井市立郷土歴史博物館蔵）

王が全員、捕縛あるいは死亡してしまったことになる。

長野の報告書には、続けてこう記されている。「その連中のほか、長州藩吉田《よしだ》寅次郎《とらじろう》（松陰《しょういん》）という者は、力量もあり、悪謀の働き抜群とのことです」

吉田松陰の場合は、京都の志士たちとの交流も少なく、志士として大物というわけではなかったが、長野主膳の探索網にかかったことで存在が重視されるようになった。翌年六月、長州から江戸に檻送されることになる。

また京都と同時に、江戸においても志士の捕縛は行われ、飯泉《いいずみ》喜内《きない》や橋本左内らが捕われの身となった。

これら捕縛された志士たちに対しては、安政六年（一八五九）八月から十月にかけて苛酷な処分が行われた。死刑となった者は八人で、次の顔ぶれである。

安島帯刀《あじまたてわき》（水戸藩家老）　切腹
茅根伊予之介《ちのねいよのすけ》（水戸藩士）　死罪
鵜飼吉左衛門（水戸藩士）　死罪
飯泉喜内（三条家家臣）　死罪
橋本左内（福井藩士）　死罪
頼三樹三郎（儒者）　死罪
吉田松陰（長州藩士）　死罪
鵜飼幸吉（水戸藩士）　獄門

梅田雲浜は当然死罪のところであったが、獄中で病没していた。ほかに小林良典ら七人は遠島、池内大学ら一三人が中追放《ちゆうついほう》、その他は所払《ところばらい》、押込《おしこめ》などといった処分を与えられた。

また、井伊に敵対する一橋派の大名たちにも次のような処分が下されている。

徳川斉昭（前水戸藩主）　国許永蟄居《くにもとえいちつきょ》
徳川慶篤《よしあつ》（水戸藩主）　差控《さしひかえ》（登城停止）
一橋慶喜（一橋家主）　隠居・慎《つつしみ》（謹慎）

山内豊信《やまうちとよしげ》（土佐藩主）　慎

徳川慶恕《よしくみ》（尾張藩主）　隠居・慎

松平慶永（福井藩主）　隠居・慎

以上、大獄に連座して処分された者は百余人にものぼった。史上まれにみる大弾圧であり、これによって幕権は強化されたように思えたが、しかしそれよりも行き過ぎた処罰に対する反発のほうが大きかった。幕府は結果的に、自分で自分の首を締めることになったのである。

長州藩の台頭と松下村塾

幕末維新史において、長州藩が倒幕派の旗手として台頭したのは、藩士吉田松陰と、松陰の主宰した松下村塾《しょうかそんじゅく》の存在があったからこそといってもいい過ぎではない。

吉田松陰（1830～1859）
長州藩士（山口県文書館）

松陰が行動を起こしたのは、嘉永六年（一八五三）六月にペリーが来航したときにさかのぼる。当時、江戸遊学中であった松陰は、外国を制するにはまず外国の実情を知るべしという考えから、なんと黒船に乗ってアメリカへ渡航しようと考えた。

翌安政元年（一八五四）一月にペリー艦隊が再来すると、三月二十七日の夜、弟子の金子重之輔《かねこしげのすけ》とともに小舟で繰り出し、下田港に停泊中の旗艦ポーハタン号に乗り込んで、「われら米利堅《メリケン》（アメリカ）にいかんと欲す」と訴えたのだ。

しかし、この願いはアメリカ側に固く拒否され、松陰らは国禁を破った罪人として、四月から十月まで江戸伝馬町《てんまちょう》の獄に収容された。さらに長州に身柄を移され、翌二年十二月まで萩の野山獄に投獄されている。

出獄後は、松本村にある実家の杉家で幽囚という処分となったが、やがて松陰は八畳一間の幽室で、親類や近隣の者に対して学問の講義を始めた。安政三年（一八五六）半ばになると聴講生も増え、狭い幽室は一つの学塾のような場所になった。これが松下村塾で、名称は叔父の玉木文之進《たまきぶんのしん》が開いていた塾のものを流用した。安政五年（一八五八）三月には一〇畳半の塾生控室も増築されている。

ただし、塾とはいっても、その教育方法は変わっていて、希望すれば誰でも入塾でき、出欠席は自由、授業料は不要で、決められた教科書もなかった。講義は『孟子』、『武教全書』、『日本外史』などを中心に行われたが、出席者の顔ぶれに応じて授業内容は柔軟に変更された。

松陰の生徒に対する接し方も変わっていた。生徒が入学して、「謹んでご教授を願います」とあいさつすると、松陰は決まって、「私は教授はできませんが、君たちと一緒に研究をしましょう」と答えるのだった。こうした松陰の人格的な魅力も、松下村塾が繁栄した大きな要因であっただろう。

残念ながら、松陰は安政五年十二月に再び野山獄に収監され、老中間部詮勝暗殺未遂の容疑で、翌六年十月二十七日、護送された江戸伝馬町の獄で処刑されてしまう。したがって、松陰が塾で教授できたのは、わずか二年余の短期間でしかなかった。

しかし、その間に松陰の薫陶《くんとう》を受けた高杉晋作《たかすぎしんさく》、久坂玄瑞《くさかげんずい》、伊藤俊輔《いとうしゅんすけ》（博文《ひろぶみ》）らの若者たちは、やがて尊王攘夷の志士として成長し、松下村塾党とも呼ぶべき派閥をつくって倒幕運動に邁進することになる。

松下村塾出身の主な志士の名を、松陰が彼らを評した言葉とともに次に掲げてみよう。

高杉晋作「見識と気迫は他人のおよぶところではなく、人の指図を受けない高等の人物である」

久坂玄瑞「才覚は縦横無尽である」

入江九一《いりえくいち》「学力などはたいしたことはないが、才智があり、忠義の志に厚い感心な人物である」

吉田稔麿《としまろ》「かたくなな性格で、人の指図を受けない高等の人物である」
伊藤博文「なかなか周旋家になりそうだ」
品川弥二郎《しながわやじろう》「事にのぞんで驚かず、少年中まれにみる男子である」
前原一誠《まえばらいっせい》「その人物の完全なことは、高杉、久坂も遠くおよばない」
時山直八《ときやまなおはち》「ふつうとは違ったすぐれた男子で、愛すべき人物である」
松浦松洞《まつうらしょうどう》「才能と気概のある男子で、吉田稔麿の見識にはおよばないものの、実地ではまさっている」
寺島忠三郎《てらしまちゅうざぶろう》「朴訥で、落ちついていて物事に動じない性質がある」

このように松陰は、生徒の長所を見抜くことに巧みだった。どの生徒に対しても、必ず良いところをみつけて、それをほめてやる。現代の教育にも通じる、すぐれた教育方法ではないだろうか。

薩摩藩の躍進と名君・島津斉彬

長州藩と並ぶ幕末維新の立役者が、九州の薩摩藩だった。そして幕末初期の薩摩藩を先頭に立って指揮したのが、名君と呼ばれた藩主島津斉彬である。

嘉永四年（一八五一）に四十三歳で藩主となった斉彬は、積極的な藩政改革を推し進め、その代表的なものとして集成館と称する近代化学工場群を建設した。なかでも日本初の反射炉と溶鉱炉を建造し、大砲の鋳造に飛躍的な進歩をみせたことは偉大な業績であった。

そして、斉彬のもう一つの業績として見落とせないのが、西郷吉之助という人材の登用だった。下級藩士であった西郷を抜擢し、重く用いたことは、以後の薩摩藩の運命を変えてしまうほどの慧眼《けいがん》といえた。

薩摩藩には、郷中《ごじゅう》教育という独特の青少年教育のしくみがあった。これは地域別に青少年が郷中というグループを形成し、そのなかで年長者が学問や武芸、遊びなどを年少者に教えるというものだ。郷中のリーダーは二才頭《にせがしら》といい、城下のはずれの下加治屋町で、この二才頭として頭角を現したのが西郷だった。

すでに西郷は藩の郡方書役助《こおりかたかきやくすけ》という下級役人となっていたが、嘉永六年（一八五三）にペリー来航という非常事態を迎えると、翌安政元年（一八五四）一月、藩主斉彬から大抜擢を受けることになった。中小姓《ちゅうごしょう》として斉彬に従い、江戸に下るように命じられたのだ。

江戸到着後には庭方役に任じられ、以後三年間、西郷は斉彬にしたがって江戸に滞在し、その手足となって行動した。西郷の能力を、斉彬はよほど高く評価していたのだろう。福井藩主の松平慶永（春嶽）に対して、斉彬は次のように語ったという。

「私には家来は大勢いるが、用の足りる者は誰もいない。そのなかで、西郷だけは薩摩の貴重な宝である。しかし、彼は他人に支配されるのを嫌うので、彼を使うことのできるのは私だけであるだろう」

斉彬と西郷の、信頼に裏づけられた主従関係をうかがうことができる。

安政四年（一八五七）、再び江戸に出た西郷は、福井藩士橋本左内と面会し、将軍継嗣問題に関して一橋慶喜を推戴することで意気投合する。その後、西郷と橋本は京都で奔走し、勤王僧の月照《げっしょう》の協力をえて、慶喜を継嗣とする勅書を朝廷から出させようとしたが、前述したようにこれは実現しなかった。

落胆する西郷のもとに、安政五年（一八五八）七月十六日に主君斉彬が急病死したとの知らせが届く。無名の自分を取り立ててくれた恩人である主君の死に接し、西郷は悲しみのあまり、殉死を考えたほどであったという。

さらに追い打ちをかけるように、このころ、大老井伊直弼による安政の大獄が進められていた。

幕吏の追及から逃れるために、西郷は月照とともに京都を脱出するが、国許の薩摩は斉彬の死後、保守化していたため、他藩人であるお尋ね者月照の受け入れは拒絶された。

同志月照の身柄を守ることができなかった西郷は絶望した。そして月照とともに死ぬことを決心し、十一

島津斉彬（1809～1858）
薩摩藩主（尚古集成館蔵）

西郷隆盛（1827～1877）
薩摩藩士

月十六日、錦江《きんこう》湾を進む舟から、月照を抱き抱えて海中に飛び込み、心中をはかった。このとき月照は死亡したが、西郷のみは奇跡的に息を吹き返した。

こうした事態に対して、薩摩藩庁は、西郷も死んだことにしておけば幕府の追及から逃れることができると考えた。菊池源吾と変名し、奄美大島に流島となった西郷は、以後三年間、同島で流人として生活する。

のちの文久二年（一八六二）には、斉彬の弟である島津久光《ひさみつ》の命令にそむいた罪で、西郷は二度目の流島を経験する。このときは徳之島と沖永良部《おきのえらぶ》島に一年半の流島だった。幕末維新の重要な時期に、西郷は通算四年半もの間、島暮らしをしていたことになる。

西郷といえば、穏やかな好人物という印象が強いが、実は、直情的な行動のために二度もの島流しにあうほどの過激な人物であったのである。

勝海舟、咸臨丸で渡米する

万延元年《まんえん》（一八六〇）一月十九日、幕臣勝海舟を艦長とする軍艦咸臨丸《かんりんまる》が、浦賀港を出発してアメリカへ向かった。

目的は、日米修好通商条約の批准書《ひじゅんしょ》交換のためにアメリカへ向かう使節団の乗ったポーハタン号を護衛するためだった。批准とは、条約に対する国家の最終的な確認のことで、同条約の第一四条に、日本からワシントンに使節を送って批准書を交換するように決められていたことによるものだ。

遣米使節は正使が外国奉行の新見正興《しんみまさおき》、副使は箱館奉行の村垣範正《むらがきのりまさ》、目付は小栗忠順《おぐりただまさ》という顔ぶれで、総勢は七七人。出発は護衛艦の咸臨丸より三日遅い二十二日のことだった。

この使節団を乗せたポーハタン号というのは、ペリーの再来航の際の旗艦で、吉田松陰が一度は乗り込んだあのときの船である。アメリカにとって、使節団は国交のために大事な客であったから、わざわざ先方から迎えに来る形で、一行はアメリカへ搬送された。

さて、このポーハタン号の護衛が咸臨丸の任務だったわけだが、実は、彼らにはもう一つの重要な目的があった。それは、初めて日本人だけの力で太平洋を横断してアメリカに渡るという挑戦だった。

艦長の勝海舟は、ペリー来航のときの建白書が認められ、下田取締掛手《とりしまりがかりて》付《つき》に登用されたあと、安政二年（一八五五）から同五年まで、幕府が設立した長崎海軍伝習所で海軍の修行に励み、また後進の指導にあたった。その後は、江戸築地の軍艦操練所で教授方頭取をつとめている。

この軍艦操練所の所長であった永井《ながい》尚志《なおゆき》の発案で、遣米使節団に護衛艦がつけられることになり、海舟が艦長に選ばれたのである。幕閣での最終決定までには議論もあったが、「勝麟《りん》太郎《たろう》（海舟）が、みずから教育した門生を率いてアメリカへ行くのは、日本海軍の名誉である」と海舟が主張して、ようやく計画は実現した。

艦長海舟の上に軍艦奉行の木村《きむら》喜毅《よしたけ》が提督として置かれ、その従者として福沢《ふくざわ》諭吉《ゆきち》（中津藩士）が乗り組み、松岡《まつおか》磐吉《いわきち》、肥田《ひだ》浜五郎《はまごろう》、赤松《あかまつ》大三郎《だいざぶろう》、小杉《こすぎ》雅之進《まさのしん》ら長崎海軍伝習所出身の幕臣たちがそろって参加した。ほかに土佐の漂流民として名高い中浜《なかはま》万次郎《まんじろう》（ジョン万次郎）が通訳として加わり、総勢は九六人となる。

日本人だけの手で航海するのが目的であったから、外国人は乗せないことになっていたが、実際にはブルック大尉ら一一人のアメリカ人が補助役として乗り込んだ。このブルックの日記に、海舟のことが書かれている。

「大変小柄であるが、よく均整がとれ、たくましく身軽である。鋭い見透かすような目、かぎ鼻、やや小さいあご。歯を合わせたまま話す。彼はなかなか活動的である。手すりの上に飛び上がったり、索具にのぼったりする。感じのよい顔立ちで、決して機嫌が悪いということがない」

性格から容姿にいたるまで、大変なほめようである。ただし、この証言には続きがあって、そこにはこう書かれている。

「彼は航海中、ほとんど船酔いしていた」

勝海舟（1823～1899）
幕臣、軍艦奉行
（福井市立郷土歴史博物館蔵）

情けないことに、艦長の海舟が誰よりも船に酔っていたのだった。このことは福沢諭吉の記録にも出ているので、事実であっただろう。結果的に航海はブルックらの手も借りながら続けられることになる。

こうして咸臨丸は浦賀を出航して三十六日後の万延元年二月二十五日、アメリカ西海岸のサンフランシスコに到着した。なお、ポーハタン号のほうの到着は三月九日であり、両艦は航海の間中、ついに一度もあいまみえることがなかった。

しかも咸臨丸は、まだ使節団が条約批准の目的を果たす前にサンフランシスコを離れており、五月五日には日本に帰国した。護衛艦というのがさほどの意味をもっていなかったことがよくわかる。

ともあれ、日本人初の快挙はなしとげられた。ペリーの黒船に衝撃を受けた嘉永六年（一八五三）から、わずか七年後のことだった。

大老井伊直弼、桜田門外で暗殺される

勝海舟らの乗った咸臨丸が日本を離れている間に、祖国では大事件が起こっていた。大老井伊直弼が、江戸城桜田門外で暗殺されたのだ。世にいう桜田門外の変である。

安政の大獄の行き過ぎた弾圧により、諸藩の尊王攘夷の志士たちの間には井伊直弼を憎む気分が高まっていた。なかでも薩摩藩では西郷吉之助が流島となったあと、「精忠組」と称する尊攘派のリーダーとなった大久保正助《おおくぼしょうすけ》（一蔵《いちぞう》、利通《としみち》）が、諸悪の元凶である井伊を暗殺して国政を正そうと考えていた。

また水戸藩では、朝廷から下された「戊午の密勅」を返上するように井伊から命じられ、それをめぐって藩内が激派と鎮派の二つに分かれて対立していた。そこで薩摩の大久保は、水戸藩内の激派と協力して井伊の暗殺を決行しようとくわだてるのだった。

これに応じた水戸藩激派の関鉄之介《せきてつのすけ》らは、安政六年（一八五九）の暮れに脱藩し、井伊暗殺の機会をねらった。しかし、肝心の薩摩藩では、藩主忠義《ただよし》の父親で後見人でもある島津久光が暴挙に反対し、精忠組の説得につとめた。事実上の藩主ともいうべき久光から諭された大久保は、やむなく決行を断念する。

ここに情勢は一変し、水戸藩は孤立する形になったが、薩摩藩士のうち江戸詰めの有村《ありむら》次左衛門《じざえもん》だけが、武士の面目を果たすため脱藩して義挙に加わった。まだ二十三歳の若者である。水戸浪士のほうは関鉄之介以下一七人で、合計一八人となった。

そして万延元年（一八六〇）三月三日が決行の日と決められた。この日は上巳《じょうし》の節句であるため、諸大名は江戸城に総登城することになっている。襲撃には絶好の機会だった。

もっとも、井伊の彦根藩邸から登城に使われる桜田門までは五〇〇メートルほどの距離しかない。待ち伏せるにしても適当な場所はなく、そのため指揮官の関は、「武鑑《ぶかん》を手にして、諸藩の行列を見物しているように見せかけろ」と一同に指示した。武鑑というのは諸藩の家紋や旗指物《はたさしもの》、石高などが記載された本で、当時これを見ながら大名行列を見物する人々が多かったのだ。

当日は、新暦の三月二十四日にあたるが、春とは思えない大雪となった。浪士たちは武鑑を携え、途中の道の左右に散らばった。やがて、午前九時ごろ、井伊の行列が屋敷から出てくるのが見えた。供回りは六六人。

ここで、浪士たちに有利であったのは、降雪で刀が傷まないようにと、供回りの者の刀に柄袋《つかぶくろ》がかぶせられていたことだ。当然、刀を抜くのに余計な時間を要することになる。

まず、予定どおり、森五六郎《もりごろくろう》が訴状のようなものをもって行列の先頭に走り寄る。何事かと行列が止まると、すかさず抜刀して供回りの一人に斬りつけた。次いで黒沢忠三郎《くろさわちゅうさぶろう》が、手にしたピストルで井伊の駕籠《かご》を狙撃する。この銃声が襲撃開始の合図になっていて、浪士たちがいっせいに左右から斬りかかった。

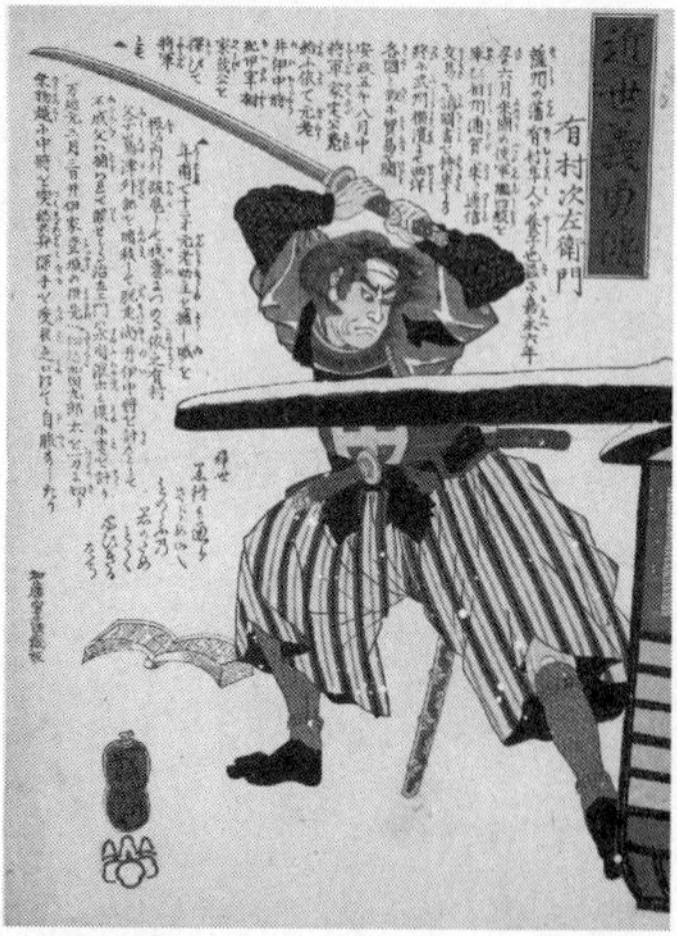

有村次左衛門（1839～1860）薩摩藩士
「近世義勇伝」より（国立国会図書館蔵）

井伊の供回りも懸命に応戦したが、何しろ刀は柄袋に入ったままで防戦もままならない。八人が結局、討死した。そして、標的の井伊は、駕籠の外から刀で何度も突き刺され、外に引き出された。すでに黒沢の放った銃弾が井伊の太股《ふともも》から腰にかけて貫通していて、身動きができなくなっていたのだった。

井伊の首をはねたのは薩摩の有村次左衛門で、これは唯一の薩摩人である有村に花をもたせようという水戸側の配慮だった。しかし、有村は井伊の首を刀の先に突き刺し、歩き出したところを後方から敵に斬りつけられ、重傷を負った。

そのまま首をさげて若年寄遠藤胤統《たねのり》の屋敷前までたどりつき、そこで自刃しようとしたが、すでに体力がなくなっており、うまく切腹することができない。有村は苦しみながら、集まってきた見物人に向かって、「介錯をしてくれ」というそぶりをしたが、みな尻込みをして、やろうとはしなかった。

仕方なく有村は、道に積もっている雪を手につかみ、口に入れた。これは、切腹をしたときに早く死にたければ水を飲めばよいという教えにしたがったものだった。まもなく、有村は息絶えた。

この日の浪士側の損害状況は次のとおりである。

討死
　稲田重蔵
重傷のため自刃
有村次左衛門　山口辰之介　鯉淵要人《かなめ》　広岡子之次郎《ねのじろう》

負傷のため自首後に落命
　佐野竹之介　斎藤監物《けんもつ》　黒沢忠三郎
自首後に死罪
　蓮田市五郎　森五六郎　大関和七郎　杉山弥一郎　森山繁之介
逃走後に捕縛され死罪
　関鉄之助　岡部三十郎
逃走に成功
　広木松之介　増子金八　海後嵯磯之介《かいごさきのすけ》

一八人のうち、生き延びることができたのは、わずかに広木、増子、海後の三人だけであり、そのうち広木は同志の処刑を知って、二年後にみずから命を絶っている。井伊の首と引き換えに払った犠牲もまた大きかったのだ。

こうして大老井伊直弼は暗殺されたが、暗殺で世の中が変わることはないとよくいわれる。しかし幕末において、井伊の場合のみは例外といっていいだろう。一八人の志士がみせた命がけの行動は、諸藩の尊攘派に勇気を与えた。この事件をきっかけに、尊攘運動は一層活発になり、幕末の動乱は本格化していくのである。

［第二章］

風雲の京洛

——尊攘志士VS新選組

和宮降嫁で公武合体をはかる

万延元年（一八六〇）三月三日に大老井伊直弼が暗殺されたあと、幕府の実権は老中の久世広周《くぜひろちか》と安藤信正《あんどうのぶまさ》（信睦《のぶゆき》）によって握られた。この久世・安藤政権が積極的に推進したのが、公武合体運動といわれるものである。

公武合体論とは、つまり朝廷（公）と幕府（武）が友好関係を築くことによって、両者の対立を解消し、政局の安定をはかろうというものだ。これが成功すれば、尊攘派が幕府に反抗する根拠はなくなってしまうわけで、幕権は確実に強化されることになる。

そして、公武合体を実現する具体策として、孝明天皇の妹である和宮親子《かずのみやちかこ》内親王を、将軍徳川家茂《いえもち》に嫁がせるという計画が立てられた。いわば政略結婚である。家茂は、かつての紀州家の慶福で、将軍継嗣問題に勝利したあと一四代将軍に就任していた。

この幕府側からの降嫁（天皇家の女性が臣下に嫁ぐこと）の申し入れを、孝明天皇は反対したが、公卿の岩倉具視《いわくらともみ》が説得にあたり、どうにか天皇の承諾を得た。ただし、それには条件があり、天皇の悲願である攘夷を数年以内に必ず実行することとされていた。

攘夷といっても、諸外国と結んだ条約をいまさら破棄することなど現実には不可能であったが、幕府はとりあえずこの条件をのんだ。いまは、公武合体の実現が何よりも第一と判断したのである。

政略結婚の犠牲となった和宮には、すでに有栖川宮熾仁《ありすがわのみやたるひと》親王という婚約者があった。その婚約も解消することになり、武家という見知らぬ世界に嫁いでいく。悲しみをこらえて家茂に嫁ぐことを決心した和宮は、兄天皇への手紙に、「天下泰平のため、誠にいやいやのこと、余儀なくお受け申し上げ候」と涙ながらに書いている。

和宮（1846～1877）
孝明天皇妹、徳川家茂夫人（増上寺蔵）

和宮の輿《こし》入《い》れの行列は、文久《ぶんきゅう》元年（一八六一）十一月に江戸到着。翌二年二月十一日に婚礼の儀式が行われた。和宮は十七歳で、家茂も同い年だった。

政略結婚による結び付きではあったが、結婚後の二人には愛情が生まれたようだ。家茂の人柄がよかったせいもあるだろう。

しかし、この家茂は慶応二年（一八六六）七月に病死してしまうため、二人が夫婦であった期間は四年半ほどでしかなかった。どこまでも悲劇がついてまわる和宮であったのだ。

ところで、和宮降嫁については、やはり尊攘派の志士たちがだまってはおらず、幕府は天皇の妹を人質にとったのだと非難した。それに加え、久世・安藤が孝明天皇を退位させ、幕府のいいなりになるような新天皇を即位させようと画策しているとのうわさがあり、これを信じた志士たちは激昂した。

なかでも平山兵介（水戸）、高畠総次郎《たかはたふさじろう》（水戸）、黒沢五郎（水戸）、小田彦三郎（水戸）、川本杜太郎《かわもともりたろう》（越後）、河野顕三（宇都宮）の六人の志士は、桜田門外の壮挙を再現しようと、久世・安藤のうちの安藤の暗殺を計画する。

文久二年一月十五日、まだ和宮の婚儀が整っていないこの日に襲撃は決行された。午前八時、江戸城の坂下門外で待ち伏せた平山らは、安藤の行列を確認すると、井伊直弼のときとまったく同じ方法で襲撃を行った。平山が訴状のようなものを手にして行列に駆け寄り、ピストルで駕籠を撃つ。それを合図にして、ほかの者がいっせいに斬りかかるといった具合である。

しかし、襲撃側の人数が六人というのはやはり少なすぎた。安藤の五〇人の供回りと斬り合ったすえ、全員が闘死をとげてしまう。かろうじて平山が安藤の駕籠に刀を突き入れ、背中に軽傷を負わすことができたものの、目的を達成することはできなかった。

もっとも、この背中の傷があとで問題となる。武士にあるまじき後ろ傷ということで非難され、安藤は老中辞任に追い込まれてしまうのだ。

安藤が失脚したことで久世も力を失い、久世・安藤政権は崩壊する。幕府主導による公武合体運動は頓挫し、和宮の降嫁も、結果的にはほとんど意味をなさないものとなってしまったのである。

安藤信正（1819～1871）
磐城平藩主、老中

寺田屋事件、薩摩藩の尊攘派が壊滅する

薩摩藩主の父の島津久光は、みずからは藩主になったことはなかったが、息子で藩主の忠義が年少であったことからその後見役をつとめ、事実上の藩主として君臨していた。

自己顕示欲の強い久光は、公武合体論が流行すると、自分が朝廷と幕府の間を周旋することで、公武合体を実現させようとする。そのうえで自分の意見を幕政に反映させ、政治改革を行うことを考えていた。

そして文久二年（一八六二）三月、忠義の参勤交代の名代となった久光は、藩兵千余人を率いて薩摩を出発した。圧倒的な武力を背景に、朝廷と幕府を動かそうというのだ。

この久光の率兵上洛に、諸国の尊攘派志士は沸き立った。彼らは、雄藩の薩摩がついに倒幕のために立ち上がったものと思い込み、これと呼応して挙兵しようともくろんだ。

久光の上洛に合わせて京都に集結したのは、真木和泉《まきいずみ》（久留米の神官）、清河八郎《きよかわはちろう》（庄内浪士）、平野国臣《ひらのくにおみ》（福岡浪士）、久坂玄瑞（長州藩士）、吉村虎太郎（土佐浪士）、田中《たなか》

河内介《かわちのすけ》（中山家家臣）といった顔ぶれだった。

なかでも真木和泉は、初めて「倒幕」を主張した志士として注目される。ペリー来航以来、諸国に尊攘の志士が出現したが、いずれも幕府の悪政を正すといった程度の思想にとどまっており、幕府そのものを倒すことまでは考えていなかった。その点、真木の倒幕論は、徳川家を単なる一大名の地位に落とし、国政は天皇家が直接つかさどるという過激なものだったのだ。

島津久光（1817～1887）
薩摩藩主の父（尚古集成館蔵）

しかし、これらの志士のもくろみとはうらはらに、島津久光には倒幕などという考えはまったくなかった。久光の思いは、あくまでも幕府が存在することを前提に、自分も政治に参画したいということにすぎなかったのだ。入京後の久光は、尊攘派志士が過激な行動をとろうとしていることを知り、自藩の藩士に同調してはならないとの指令を出した。

このとき大久保正助（利通）らの精忠組も上洛していたが、同志のうち有馬新七《ありましんしち》らの激派は、久光の命令を無視した。尊攘倒幕の実現にはやる有馬らは、真木らと連絡を取り合い、挙兵準備のために伏見の船宿寺田屋に集合する。

彼らの計画は、京都市中に放火して、幕府寄りの関白九条尚忠《くじようひさただ》と所司代酒井忠義を殺害し、京都を支配下におさめたうえで、薩摩藩兵に命令して一気に倒幕にもっていくというものだった。

久光は、突出する有馬らに再三の使者を送って自重を命ずるが、聞き入れるようすはまったくない。ついに久光は、武力による鎮撫《ちんぶ》を決心し、奈良原喜八郎、大山格之助（綱良）、道島五郎兵衛ら九人の剣客を選んで、寺田屋に派遣した。むろん、説得を受け入れなければ、斬り捨ててもよいとのお墨つきだった。

四月二十三日夜、寺田屋に着いた九人の鎮撫使は、有馬らの説得にあたるが、それに応じる有馬らではなかった。しばらく激論がたたかわされたすえ、ついに道島五郎兵衛が「上意」と叫んで抜刀し、激派の一人、田中謙助の顔面に斬りつけた。

これをきっかけに、薩摩藩士同士の凄惨な斬り合いがはじまり、寺田屋は血の海と化した。なかでもすさまじかったのは有馬の最期で、道島と斬り合ううちに刀が折れてしまった有馬は、道島に抱きついて壁に押しつけ、「おいごと刺せ」と味方に向かって叫んだ。同志の橋口吉之丞がこれを見て、有馬の背中越しに道島を突き刺し、二人とも絶命した。

結局、激派側は、有馬新七、柴山愛次郎、橋口壮助、橋口伝蔵、弟子丸《でしまる》龍助、西田直五郎の六人が闘死し、田中謙助と森山新五左衛門の二人が重傷を負って、翌日藩邸内で自刃した。鎮撫使側の死者は串刺しになった道島五郎兵衛一人で、五人が負傷した。

寺田屋の別室にいた残りの薩摩激派は、有馬らの首謀者が討たれたことで降伏を決め、捕縛のうえ国許へ送られて謹慎処分となった。また真木和泉らの志士は、それぞれの藩邸に送還され、田中河内介のみは薩摩に送られる舟の上で斬殺されている。

この寺田屋事件によって、薩摩藩の尊攘派は壊滅状態となり、以後の藩論は公武合体に統一されたのである。

生麦事件、薩摩藩に翻弄される幕府

薩摩藩の島津久光は、寺田屋事件のあと、朝廷から幕政改革の勅書を出させることに成功し、勅使の公卿大原重徳《おおはらしげとみ》を護衛して江戸に下った。

改革の中心的な内容は、安政の大獄以来謹慎となっている一橋慶喜を将軍後見職に、同じく松平春嶽（慶永）を政事総裁職に任命するという点にあった。久光の同志ともいうべき二人を幕府の最高権力にすえることで、幕政における自分の発言力を増大させようとしたのである。

文久二年（一八六二）六月、久光一行を江戸城に迎えた幕府は、朝廷や雄藩の圧力によって幕閣の人事を決めることには難色を示したが、結局、押し切られてしまった。久世・安藤政権の崩壊後、幕府の力は弱まっていたのだった。

満足した久光は、八月二十一日、江戸を出発して薩摩への帰路についた。幕政改革という目的を達成し、威風堂々と久光の一行は東海道を進んでいった。

ところが、行列が神奈川の生麦村《なまむぎ》を通りかかったとき、事件が起こった。

付近を乗馬で遊歩中だったリチャードソン、クラーク、マーシャル、ボロデール夫人の四人のイギリス人の馬が路上に飛び出し、久光の行列の先頭をさえぎってしまったのだ。供頭《ともがしら》の奈良原喜左衛門が先頭に出て、退去するように指示したが、イギリス人たちは手綱をうまくとることができず、かえって行列を乱すことになった。

この無礼に耐えかねた奈良原は、抜刀し、先頭にいたイギリス商人リチャードソンに斬りかかった。奈良原は薬丸《やくまる》派自顕《はじげん》流《りゅう》の達人であり、その鋭い斬撃は馬上のリチャードソンの左脇腹を斬り裂いた。

松平春嶽（1828～1890）
福井藩主、政事総裁職
（福井市立郷土歴史博物館蔵）

続いて数人の藩士が行列から飛び出し、クラークとマーシャルに斬りかかる。二人は負傷しながらも、馬を反転させ、横浜方面に向かって必死で逃げた。

しかし、リチャードソンのみは重傷で、脇腹を片手で押さえながらしばらく駆けたものの、ついに落馬してしまう。出血はおびただしく、傷口からは内臓がはみだしていた。そこに供頭の海江田《かいえだ》武次《たけじ》ら五、六人が追いつき、倒れているリチャードソンにさらに何度も斬りつけると、最後に海江田が「いま、楽にしてやる」といってとどめをさした。リチャードソンの遺体は、ずたずたになっていた。

ほかの三人は、なんとか神奈川のアメリカ領事館に逃げ込んで助かった。ただしクラークは左肩を斬られる重傷を負い、マーシャルは左腹部と背中に負傷していた。唯一の女性であるボロデール夫人は、帽子と髪の毛の一部を斬られただけですんだ。大名行列という日本独特の風習を知らなかったために、大変な目にあったイギリス人たちであった。

事件を知ったイギリス側は激怒し、代理公使ニールは、幕府に対して正式の謝罪と賠償金一〇万ポンド（二八万両）の支払いを要求し、別に薩摩藩に対して犯人の死刑と賠償金二万五〇〇〇ポンド（七万両）を要求した。とくに幕府に要求された一〇万ポンドというのは大金であり、幕府も頭を悩ませたが、結局、要求どおりに支払われることになった。

本来ならば、薩摩藩が勝手に犯した罪なのだから、賠償金は薩摩藩に払わせればいいのだが、それでは幕府の統制力が薩摩藩にまでおよんでいないという印象をイギリスにあたえかねない。薩摩の罪の分まで幕府が弁済してこそ、幕府が日本の唯一の統治者であることを実証できる。そう考えた幕府は、やむなく賠償金の支払いに応じたのだった。

なお、薩摩のほうは最後まで支払いに応じず、翌文久三年（一八六三）七月、鹿児島湾に来航したイギリス艦隊と戦闘におよぶことになる。この薩英戦争を停戦させる和睦条件として、あらためて二万五〇〇〇ポンドの賠償金支払いが決定し、薩摩はそれを幕府から借用して支払った。

もちろん借用とは名ばかりで、返済するつもりはない。薩摩が支払わなければ幕府が困るだけだろうと、足元を見たのである。立場の弱い幕府は、薩摩の行動に翻弄されるばかりだった。

天誅の流行と人斬り以蔵

この年、すなわち文久二年（一八六二）は、「天誅《てんちゅう》」と称する暗殺行為が流行した年だった。天誅というのは天のくだす誅罰、あるいは天に代わって誅罰することを意味するが、尊攘派の一部の志士たちは、この名のもとに幕府側の人間を次々と暗殺した。

行動の中心となったのは、土佐藩で前年に結成された土佐勤王党《きんのうとう》で、首領は武市半平太《たけちはんぺいた》（瑞山《ずいざん》）といった。前土佐藩主で実質的な権力者の山内容堂《ようどう》（豊信）は、公武合体論者だったが、熱烈な尊攘思想を抱く武市は、下級武士を糾合して、独自に勤王党を打ち立てていた。

そして同志を率いて上京した武市は、水戸や長州、薩摩といった雄藩に負けじと、積極的な尊攘運動を推進した。ただし、そのやり方は過激であり、勤王党の同志にひそかに指令をくだして邪魔者を抹殺するという方法を繰り返した。

なかでも、「人斬り」の異名をとるほどに暗殺をかさねたのが、岡田以蔵《おかだいぞう》である。

岡田以蔵は、鏡《きょう》新明智流《しんめいちりゅう》の剣客で、土佐の軽輩だった自分を取り立ててくれた武市に恩義を感じ、武市の命令一つで簡単に人を斬った。その腕の冴えは京洛の人々を震えあがらせ、「人斬り以蔵」と呼ばれるようになったというが、実際には幕末の当時からそう呼ばれていた記録はなく、あくまでも後世になってから与えられた呼び名であった。

では岡田以蔵は、実際に何人の人間を斬ったのだろうか。以蔵が関与したと思われる暗殺を次に列挙してみよう。

武市半平太（1829～1865）
土佐藩士、土佐勤王党首領

まず、文久二年八月二日、土佐藩の下横目《したよこめ》（役人）の井上佐市郎が、参政吉田東洋《よしだとうよう》を暗殺した土佐勤王党員を追って大坂に出てきていたため、これを土佐の同志とともに殺害し、遺体を道頓堀川に捨てた。

次いで閏八月二十日、越後浪士本間精一郎が尊攘派を裏切る行為をしたというので、薩摩藩士田中新兵衛《たなかしんべえ》

山内容堂（1827～1872）
土佐藩主（港区立港郷土資料館蔵）

らとともに、京都先斗町《ぽんとちょう》の路地で殺害し、翌日、四条河原に梟首《きょうしゅ》した。

　さらに閏八月二十九日、安政の大獄のときに多くの志士を捕縛して死に追いやった目明かしの文吉を土佐の同志とともに殺害し、翌日、遺体を裸にして三条河原に磔《はりつけ》にする。

　九月二十三日、やはり安政の大獄のときに志士を捕縛した京都町奉行所与力の渡辺金三郎、同心の森孫六、大河原十蔵、上田助之丞の四人を土佐、長州、薩摩の同志とともに近江石部《いしべ》宿まで追跡して殺害。翌日、渡辺、森、大河原の首を京都粟田口《あわたぐち》にさらしている。

　そして翌文久三年一月二十一日、かつて尊攘志士四天王の一人に数えられた儒者池内大学が、安政の大獄のときに同志を裏切って幕府に自首し、機密をもらして自分だけが助かったということで、これを土佐の同志とともに大坂で殺害した。首は両耳を切り落としたうえで翌日、難波橋上にさらし、耳は二十四日、公武合体派の公卿中山忠能《なかやまただやす》と正親町三条《おおぎまちさんじょう》実愛《さねなる》の屋敷に脅迫文とともに投げ込んだ。

岡田以蔵が参加したことがほぼ確実な暗殺事件は、以上の五件で、殺害人数は合計八人ということになる。

意外に思われるのは、単独での実行が一件もなく、すべて数人の同志とともに行っていることだ。また殺害人数も、「人斬り」の名のわりには多くないように思える。

しかし、同時期にやはり「人斬り」と呼ばれた三人の剣客、田中新兵衛（薩摩）、中村半次郎（薩摩）、河上彦斎《かわかみげんさい》（熊本）について調べてみると、以蔵の実績の大きさがよくわかるのだ。たとえば田中新兵衛が手にかけたのは、九条家家臣の島田左近と越後浪士本間精一郎（以蔵と協力）の二人であり、中村半次郎が殺害したのは上田藩士赤松小三郎ひとり、河上彦斎も松代藩士佐久間象山《さくましょうざん》ひとりを斬っただけにすぎなかった。拍子抜けするほどに、みな少ない。もちろん、記録に残らない暗殺もあっただろうが、その点は以蔵にしても同じことだ。

幕末期に最も多くの暗殺を行った人物、それは、やはり人斬り以蔵こと岡田以蔵だったということになるだろう。

坂本龍馬、幕末の舞台に登場する

幕末維新期が生んだ最大の英雄は、いうまでもなく坂本龍馬《さかもとりょうま》である。その龍馬が、いよいよ歴史上に登場する。

龍馬は、土佐藩の郷士という身分の出身で、江戸で北辰一刀流《ほくしんいっとうりゅう》の千葉定吉《ちばさだきち》に入門して剣術を修行した。たまたま江戸滞在中にペリー艦隊の来航に遭遇し、攘夷思想を抱いたが、のちに土佐の絵師河田小龍《かわだしょうりょう》から世界情勢を説かれ、単純な攘夷思想から脱却するようになる。

そのため土佐勤王党に加盟後も、尊王攘夷一辺倒の武市半平太とは行動をともにせず、文久二年（一八六二）三月に故郷の土佐を脱藩した。これは、一足早く脱藩して寺田屋事件に参加した吉村虎太郎らに誘われてのことだったが、吉村のような性急な倒幕挙兵をめざしていたわけではなかったから、龍馬はあくまでも自由な行動をとった。

西欧列強の脅威から日本をどうやって守るか。それが、黒船を実際に見た経験をもつ龍馬にとっての克服すべき課題だったのだ。

単身江戸に下った龍馬は、同年十二月五日、幕府の政事総裁職をつとめる松平春嶽（前福井藩主）のもとを訪れ、大坂湾の海防について自分の考えるところを述べた。そして春嶽の紹介という形で、軍艦奉行並の勝海舟（義邦）と面会することになる。

二年前に咸臨丸で太平洋を横断して帰国した海舟は、この閏八月に軍艦奉行並に就任する出世をとげていた。幕閣有数の開国論者としても知られ、尊攘派からは、日本を外国に売ろうとする極悪人とみられていた。

坂本龍馬（1835～1867）
土佐藩士、海援隊隊長

十二月九日、赤坂氷川坂下の屋敷を訪れた龍馬のことも、海舟は自分を斬りにきた尊攘志士と思ったようで、のちにこう語っている。

「坂本はおれを殺しにきたやつだが、なかなかの人物さ。そのときおれは笑って受けてたが、落ち着いてなんとなくおかしがたい威厳があって、いい男だったよ」

もちろん、すでに単純な攘夷論を捨て去っている龍馬が、海舟を殺害しようとしていたなどとは考えられず、これは海舟の思い過ごしにすぎなかっただろう。龍馬の目的は海舟の抱懐する国防論を聞くことにあり、それについては海舟はきっぱりと答えた。

「日本の海岸防備のためには、強大な実力をもった海軍を創設する以外に方法はない」

海舟はすでに日本全国を防衛する海軍構想をつくりあげており、それによれば、日本の海区を、東海、東北海、北海、西北海、西海、西南海の六つに分け、六個の艦隊を配置する。軍艦の合計はなんと三七〇隻にのぼり、総乗組員は六万一二〇五人というように細かく試算されていた。

その人員は、諸藩から石高に応じて提供させ、莫大な費用については、積極的に海外貿易に取り組み、関税による収益でまかなうという。実に壮大で、なおかつ緻密に策定された計画だった。

龍馬は、この話を目からウロコが落ちる思いで聞いた。海軍の創設、これこそが日本を救う唯一の道だ。感極まった龍馬は、その場で海舟に入門し、ともに海軍構想に尽力することを誓うのだった。

以後、龍馬は海舟の塾で海軍修行に励み、土佐藩の同志たちも次々と仲間に引き入れた。近藤長次郎、望月亀弥太《もちづきかめやた》、千屋虎之助《ちやとらのすけ》、高松太郎、安岡金馬《やすおかかねま》、沢村惣之丞《さわむらそうのじょう》、新宮馬之助《しんぐううまのすけ》といった、のちの亀山社中、海援隊の者たちが龍馬のもとに集まった。

そして文久三年（一八六三）四月、海舟が将軍家茂に直談判して、神戸に海軍操練所を建設することが許可された。喜んだ龍馬は、故郷の姉・乙女《とめ》にあてて手紙を書いている。

「このごろは天下無二の軍学者勝麟太郎という大先生の門人となり、ことのほかかわいがられて、客分のようなものになっています。近いうちには大坂より一〇里あまりの地の兵庫（神戸）という所で、大いに海軍を教える所をつくり、また四〇間、五〇間もある船をつくり、門人たちも四、五〇〇人も諸方から集まります」

海軍創設という目標を得て、充実している龍馬のようすがよくわかる。のちに時代を大きく旋回させることになる、龍馬と海舟の運命的な出会いだった。

将軍上洛と浪士組の結成

文久元年（一八六一）の長州藩では、直目付《じきめつけ》の長井雅楽《ながいうた》が唱えた公武合体による開国論、「航海遠略策《こうかいえんりゃくさく》」が脚光を浴び、藩論とされていた。

しかし、松下村塾出身の久坂玄瑞や、藩校明倫館で吉田松陰の薫陶を受けた桂小五郎《かつらこごろう》らの尊攘派が巻き返し、翌二年六月、長井を失脚させることに成功した。以後、藩論は尊王攘夷に変更され、長州藩は尊攘の旗頭として世間に認知されるようになった。

久坂、桂らは、次いで朝廷の尊攘派である三条実美《さねとみ》、姉小路公知《あねがこうじきんとも》らとも結び、公武合体派の岩倉具視らを排斥して、朝廷内を尊攘化した。この結果、文久二年後半の京都は、あたかも長州尊攘派の久坂らと、土佐勤王党の武市半平太らによって支配されているかのような様相を呈したのだった。

十月には三条、姉小路の二人が勅使として江戸に下り、幕府に対して攘夷の実行を迫った。すでに諸外国との条約が結ばれている以上、攘夷の実行は無理な話だったが、将軍家茂はやむなく翌年上洛したうえで返答すると答えた。そうしなければならないほど、この時期の朝廷の力は強まっていたのだ。

こうして文久三年（一八六三）三月四日に家茂は上洛した。将軍が上洛するのは、三代家光以来、二百三十年ぶりのことだった。

この非常事態にあたり、幕府は有志の募集による浪士組を組織する。天誅と称するテロ行為が横行し、尊攘派に牛耳られている京都に将軍を送り出すのは、あまりに危険なことだった。そこで、江戸近在の浪士たちを募集して浪士組を結成し、将軍を護衛する別動隊として京都に先発させようとしたのだ。

二月八日、小石川の伝通院に集合した浪士は二百三十余人。そのなかに、のちに歴史に名を残すことになる近藤勇《こんどういさみ》ら天然理心流《てんねんりしんりゅう》一門の姿があった。

清河八郎（1830〜1863）
庄内藩士

近藤は農民の出身ではあったが、市ヶ谷柳町に試衛館《しえいかん》という道場を開く剣客で、門人たちを引き連れてこの浪士組に参加した。同行したのは土方歳三《ひじかたとしぞう》、沖田総司《おきたそうじ》、山南敬助《さんなんけいすけ》、井上源三郎《いのうえげんざぶろう》、永倉新八、原田左之助、藤堂平助といった顔ぶれだった。彼らはみな、剣術にかけては誰にもひけをとらない遣い手で、自分の腕を将軍警護という仕事に役立てることができるとよろこんだ。特に近藤や土方は、浪人あるいは農民の身分であったから、働きしだいでは幕府に取り立てられて立派な武士になることができると張り切った。

ところが二月二十三日、一行が京都に到着した夜に問題は起こった。浪士組結成の発案者で、彼らの黒幕的存在になっていた清河八郎（庄内浪士）が、突然、幕府を裏切って尊攘派に寝返ったのだ。

「われわれは、このたび幕府の世話によって上京したが、禄位《ろくい》などは受けておらず、ただただ尊攘の大義を志すものである。万一、朝廷の命令をさまたげ、私意をくわだてる者があるときは、たとえ有司の方であっても、いささかも容赦なく譴責《けんせき》する」

もとより清河は尊攘の志士であり、前年には島津久光の率兵上京に便乗して倒幕の挙兵をくわだてたほどの策士だった。その清河が、幕府の有利になるような献策をするはずがなかったのだ。

松平容保（1835～1893）
会津藩主、京都守護職

清河はさらに、生麦事件の関係でイギリスとの戦争がいつ始まるとも知れないので、攘夷の備えとして自分たちを江戸へ帰してほしいと朝廷に願い出た。攘夷実行の勅状を得ることができれば、浪士組を私兵として意のままに動かすことができると考えたのだろう。

しかし、清河のやり方に従う者ばかりではなかった。浪士組の江戸帰還に対して、試衛館一門が猛然と反対したのだった。近藤以下八人は、同宿の水戸浪士芹沢鴨《せりざわかも》らとも語らって、清河に反対を告げた。そして、「どうしても江戸に帰るというのならば、われらだけは京に残る」といい切った。

こうして清河と袂《たもと》を分かった近藤らは、京都守護職をつとめる会津藩主松平容保《かたもり》のお預かりということになり、壬生浪士《みぶろうし》と称する一隊を結成した。のちに彼らは新選組と名乗ることになる。

新選組、京都に誕生する

文久三年（一八六三）三月、京都守護職の会津藩主松平容保お預かりということで、新選組（壬生浪士）は誕生した。

京都守護職は、将軍後見職の一橋慶喜、政事総裁職の松平春嶽からの指名で、前年に松平容保が任じられた新設の役職だ。徳川家との血筋の近さといい、二三万石の実力といい、容保ほどの適任者はいなかった。

そんな容保にとって、正規の藩士以外にも腕の立つ浪士たちを支配下に置くことは、むしろ願ってもない話だった。以後、新選組は守護職配下の特別警察隊として、京都市中の治安維持のために働いた。

同志を統率する局長（隊長）には、近藤勇と芹沢鴨の二人が就任し、土方歳三、山南敬助、ほかに芹沢派の新見錦《にいみにしき》が副長となった。隊士も新規に募集され、五〇人ほどの陣容が整えられた。

はじめ郷士八木源之丞家を屯所としていたが、人数の増加にともない、前川荘司家や南部亀次郎家も占拠して使用するようになった。壬生村に本拠を置いたので壬生浪士と名乗ったが、やがて働きが認められ、会津藩に古来からある「新選組」という隊名が与えられた。

隊の象徴ともいうべき隊旗には、赤地に白く「誠」の一字を染め抜き、彼らの偽りのない心が表された。また、制服としてつくられた浅葱《あさぎ》色の羽織には、忠臣蔵の芝居の装束のように、袖の部分に白い山形模様をあしらった。武士の鑑《かがみ》である赤穂義士にあやかろうとしたものだった。

近藤も土方も、もともと武士ではなく農民の出身であったから、武士にあこがれる気持ちは人一倍強く、みずからに対しても、隊士たちに対しても、真の武士であることを求めようとした。そうしてつくられたの

近藤勇（1834〜1868）
新選組局長

土方歳三（1835〜1869）
新選組副長

が、俗に局中《きょくちゅう》法度《はっと》と呼ばれる隊規だった。

一、士道を背くこと
二、局を脱すること
三、勝手に金策をいたすこと
四、勝手に訴訟を取り扱うこと
この四か条を背くときは切腹を申しつくること

条文には異説があるが、隊士永倉新八の回想録ではこの四か条になっている。違反者はすべて切腹という、まれにみる厳しい隊規である。この隊規によって、隊士たちはふるいにかけられ、近藤、土方の求める精鋭だけが残っていくことになる。

しかし、近藤とともに局長となった芹沢は、真の武士どころか、酒ぐせが悪く、何かと行動に問題の多い人物だった。商家からの押し借りや遊郭での乱暴など、京都の人々に迷惑をかける事件が続き、新選組の評判をはなはだしく失墜させた。

このままでは新選組のみならず、彼らを預かる会津藩の信用にもかかわってくる。たまりかねた松平容保は、ひそかに近藤を呼び出し、芹沢の処分を命ずるのだった。

手始めに芹沢の腹心の新見を粛清した近藤らは、九月十八日、本命の芹沢暗殺を決行する。当夜は隊の大宴会が島原の角屋《すみや》で行われ、終宴後に屯所の八木邸で泥酔して眠る芹沢を土方歳三、沖田総司らが襲った。

剣豪の芹沢も、寝込みを襲われてはどうすることもできず、配下の平山五郎ともども刺客の刃を全身にあびて絶命する。この結果、隊内から芹沢派は一掃され、新選組の実権は、近藤派が完全に掌握した。

ところで、こうした内部粛清の印象が強烈であったせいか、一般に新選組は「人斬り集団」と呼ばれることが多いが、それは正しくない。実際の新選組は、決してむやみに人を斬ったりはしなかった。

京都市中で出くわした不審者に対しては、必ず「いずれの御藩なりや」「御姓名は」など尋問し、問題があれば捕縛する。あくまでも相手が抵抗した場合のみ、斬り捨てることもやむをえないとされていた。幕府から公認された正当な警察組織であったのだから、むしろそれは当然のことだった。

新選組が壬生浪士と称していたころの名残で、人々は彼らを「壬生狼《みぶろ》」と呼んでいたが、いつしかそれが変化して「壬生狼」、つまり壬生の狼と呼ぶようになったともいわれる。新選組を血に飢えた狼にたとえたものだ。

しかし、これも事実ではない。史料を調べてみても、新選組が「壬生狼」と呼ばれたという形跡は一切ないのだ。必要以上に彼らを人斬り集団とさげすむ、こうした風潮には問題があるといわねばならないだろう。

奇兵隊、長州にて結成される

文久三年（一八六三）三月四日に上洛した将軍家茂は、朝廷から攘夷の実行を執拗に迫られていた。しかも、単に実行するというあいまいな返事だけでは許されず、具体的に何月何日から攘夷を行うと答えるように要求され、ついに家茂は五月十日という期日を決めさせられてしまった。

ただし、これは外国が攻めてきた場合にかぎるという条件つきのものだったのだが、攘夷に気がはやる長州藩は、幕府の意図を無視した。五月十日ちょうどに攘夷を決行しようと、地元の関門海峡を通行する外国船を砲撃する準備を整えたのだった。

先頭に立って行動したのは熱血の攘夷志士久坂玄瑞で、五〇人ほどの同志とともに下関の光明寺を本陣とし、光明寺党と称して意気をあげた。これに正規の長州藩兵などが加わり、総兵力一〇〇〇人が関門海峡に陣取った。

そして、五月十日の深夜、たまたま海峡を通りかかり、停泊していたアメリカ商船ペンブロークに対し、長州の砲台と軍艦から砲撃が加えられた。突然の攻撃に驚いたペンブロークは、あわてて海峡から逃げ出した。

さらに同月二十三日にフランス軍艦キャンシャン、二十六日にオランダ軍艦メデューサを砲撃し、いずれも海峡から追い出した。両艦は反撃もしたが、もともと戦闘の準備がなかったため、一方的に死傷者を出して退散することになった。久坂らの長州側は、記念すべき最初の攘夷行動に勝利を得て歓喜した。

しかし、その喜びもつかの間で、六月一日にアメリカ軍艦ワイオミング、五日にはフランス軍艦セミラミスとタンクレードが報復のために海峡に現れ、長州を激しく攻撃した。このため、長州の軍艦はみな撃沈あるいは大破させられ、砲台も全滅させられてしまった。

やはり攘夷は不可能だった。戦闘準備の整った外国軍艦の前には、それがわずか二、三隻であったにもかかわらず、日本はまったくかなわなかったのだ。久坂らは涙をのんで退却し、長州の無謀な攘夷行動は終わりを告げた。

この長州藩の危機にあたり、壊滅状態の軍備を立て直すために起用されたのが高杉晋作だった。

高杉晋作（1839〜1867）
長州藩士、奇兵隊初代総督

高杉はすでに前年に上海渡航を経験し、そこでイギリスの植民地のようになっている清の姿を実見していた。「わが国も、いまにこのようにならざるをえないか」と痛感した高杉は、攘夷に尽くすことを決意する。

ただし、それは現時点の日本の武力では不可能と知っていたから、久坂の光明寺党には参加しなかった。

では、高杉にはどのような構想があったのか。六月六日、藩主毛利慶親《もうりよしちか》（敬親《たかちか》）に「策はあるか」と問われた高杉はこう答えたのだった。

「下関のことは私におまかせください。策は一つあります。有志の者を募って、奇兵隊という名の一隊を組織するのです」

武士階級にかぎらず、広く庶民の間からも兵を募集し、実力本位の隊をつくろうというのだった。藩の正規兵に対するという意味で、隊名も「奇兵隊」とされた。

藩主から即座に許可を得た高杉は、翌日、さっそく協力者である下関の商人白石正一郎のもとを訪れ、その場で隊士募集を開始した。入隊希望者はすぐに集まり、やがて三〇〇人ほどになったところで募集を締め切った。

隊士の構成は、武士階級と農民などの割合がほぼ半々で、待遇としては、衣服、食事が支給され、一〇文の月俸が与えられた。これはあまりいい条件とは思えないが、それでも入隊希望者が多かったのは、国難に際して立ち上がろうとした男たちの情熱によるものだったのだろう。

このあと、長州藩では同様の民兵隊が多数つくられ、それらは「諸隊」と総称された。隊士の総数は二〇〇〇人にものぼり、のちの幕府との戦争においては、長州軍の主要戦力として活躍することになる。

こうした民兵の登用を思いついた高杉の先見の明はたいしたものだが、この高杉に四民平等の思想があったかというと、それは別問題だ。むしろ、妻の雅《まさ》への手紙に、「武士の妻は町人や農民の妻とは違う」と書いていることでもわかるように、武士であることに対する誇りは誰よりも強くもっていた。

また、のちに奇兵隊三代目総督となった赤祢武人《あかねたけと》と意見が対立したとき、隊士たちに向かって赤祢が武家の生まれではないことを指摘し、「それに対して、この高杉は毛利家譜代恩顧の士である」と威張ったこともあった。

これでは四民平等どころではない。あくまでも高杉は、戦力としての民兵に期待したのであり、それ以上の意図はなかったのである。

八・一八の政変、決行される

文久三年（一八六三）夏の京都で、まるで尊攘派に監禁されていたかのような将軍家茂は、六月九日にようやく江戸への帰途につくことができた。長州藩を中心とする尊攘派の勢力は、そこまで絶大になっていたのだ。

勢いに乗る尊攘派は、次に孝明天皇の大和行幸計画をくわだてる。これは、孝明天皇が大和（奈良県）に出向き、神武《じんむ》天皇陵や春日大社を参拝して攘夷を祈願するという趣旨のものだったが、尊攘派はそれに乗じて天皇の名のもとに倒幕の兵をあげようとした。

攘夷家で知られる孝明天皇も、さすがにこれは行き過ぎた行動と思ったものの、三条実美らの尊攘派公卿が推し進め、ついに八月十三日、天皇の行幸は決定した。

しかし、こうした状況を苦々しく思っていた公武合体派の薩摩藩は、ひそかに巻き返しをねらっていた。そして、同じく公武合体派の会津藩と同盟を結んで、尊攘派を京都から追い落とす計画を立てたのである。

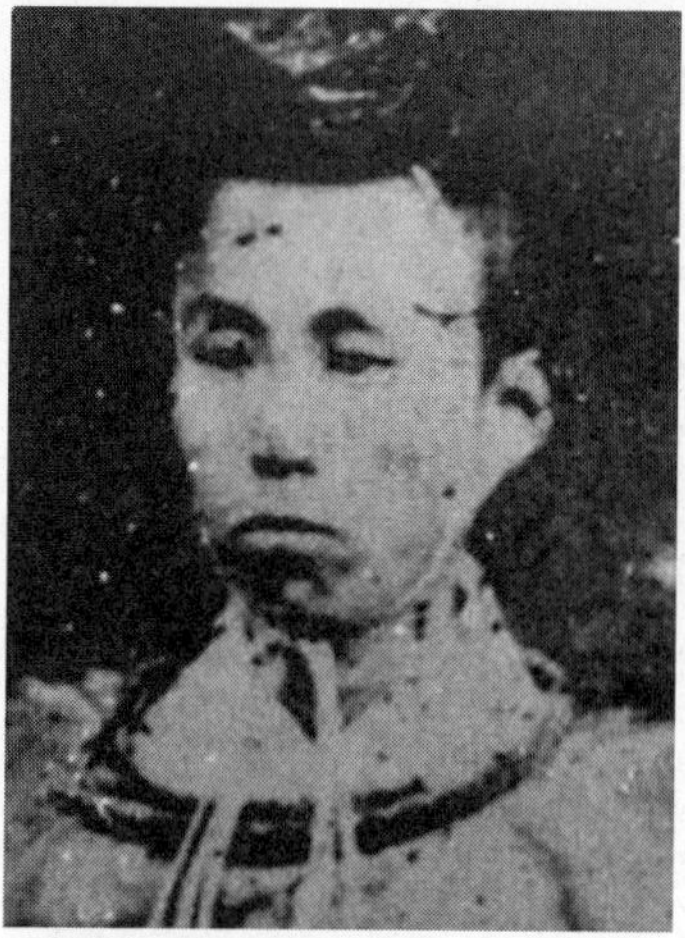
三条実美（1837～1891）
公卿（国立国会図書館蔵）

まず十三日の夜、薩摩藩士高崎佐太郎が、ひそかに会津藩公用方の秋月悌二郎のもとを訪れ、密謀を打ち明けた。話の内容に秋月は驚いたが、黒谷の会津藩本陣に急ぎ報告すると、藩主松平容保も近ごろの政情には不満を抱いていたので、薩摩との同盟を承諾する。

高崎と秋月は、次に朝廷内の公武合体派である中川宮朝彦《なかがわのみやあさひこ》親王を説き、さらに前関白近衛《このえ》忠熙《ただひろ》父子と、右大臣二条斉敬《なりゆき》を説いて朝廷内の工作を進めた。

そして十六日、ついに孝明天皇から中川宮にあて、「兵力をもって国家の害をのぞくべし」とする勅状が出されたのだった。こうして、十八日の未明に政変は決行される。

午前一時を集合時刻として、中川宮、近衛、二条らの公卿が御所に参内し、九つの門を厳重に閉鎖した。これらの門は、薩摩、会津、および京都所司代の淀藩の兵が守ることになり、いずれも武装してつめかけた。

ところで、会津藩では、前年に藩主容保が京都守護職に任じられて以来、一〇〇〇人の兵を京都に駐屯させていた。それが毎年八月に国許の藩士一〇〇〇人と交替することになっていたのだが、政変勃発のため、十一日に帰国の途についたばかりの一〇〇〇人が京都に呼び戻されていた。

これによって、一時的に京都の会津藩兵は二〇〇〇人を擁することになったのだ。長州側は二七〇〇の兵力があったから、会津の人員倍増は公武合体派にとって大きかった。

午前四時には御所の警備配置も完了し、朝議が行われて、尊攘派公卿の参内禁止や、長州藩の堺町御門警備の解任が決定された。

この異変に気づいた三条実美らは、急いで御所に向かうが、九門は閉ざされていて中に入ることができない。長州藩兵も、持ち場の堺町御門へ駆けつけたが、薩摩、会津の兵が厳重に固めていてどうにもならなかった。

両軍は門前でにらみあい、双方とも、大砲、小銃、槍をかまえて一触即発の状態のまま対峙し続けたが、やがて朝廷から長州側に退去命令が出された。長州側はやむなく東山の大仏妙法院に引き揚げることを決し、目前の薩摩兵に向かってこういった。

「われわれはいまから大仏に引き揚げる。しかし、貴藩がいまのように銃口をわれわれに向けたままでは、武門の習いで引き下がるわけにはいかないのだ。できれば、ここは双方ともに引くという形にしてもらいたい」

薩摩はこれを承知し、兵士たちの武器をおさめさせた。午後五時、妙法院に移動した尊攘派は、長州の久坂玄瑞、桂小五郎、久留米の真木和泉、土佐の土方久元《ひさもと》、熊本の宮部鼎蔵《みやべていぞう》といった指導者たちが軍議を開き、今後の進退を話し合った。その結果、ひとまず長州へ退却して態勢を整え、再起をはかるしかないということに決した。

翌十九日午前十時、前夜から降る雨のなかを、三条実美、三条西季知《すえとも》、沢宣嘉《さわのぶよし》、東久世《ひがしくぜ》道禧《みちとみ》、四条隆謌《しじょうたかうた》、錦小路頼徳《にしきのこうじよりのり》、壬生基修《みぶもとなが》の七人の尊攘派公卿を護衛しながら、長州兵らは京都を去った。いわゆる七卿落ちである。

八・一八の政変と呼ばれるこの事件によって、尊攘派勢力は京都から一掃されることになり、以後、長州は薩摩に対して、ぬぐいがたいうらみを抱くようになったのだった。

悲運の尊攘派・天誅組の暴発

八・一八の政変が起こったために、悲惨な運命をたどることになった志士たちがいた。大和で挙兵して鎮圧された天誅組である。

天誅組が結成されたのは、文久三年（一八六三）八月十四日で、前日に孝明天皇の攘夷祈願のための大和行幸が決定されたことを知り、それに合流して大和で倒幕の兵をあげようとしたものだった。

組織は、土佐藩の吉村虎太郎、刈谷藩の松本奎堂《まつもとけいどう》、岡山藩の藤本鉄石の三人が総裁をつとめ、公卿中山忠能の子の忠光《ただみつ》を擁して大将とした。忠光は高貴な身分ながら熱烈な尊攘論者で、この直前には長州で外国船砲撃に加わっていたほどの人物だ。ほかに土佐の池内《いけく》蔵太《らた》、那須信吾らが幹部となり、同志の総勢は三十余人だった。

十七日夕刻、彼らは大和で挙兵し、まず五条の代官所を襲撃した。ここは小人数の役人がつめていただけだったので、たちまちのうちに天誅組に占拠され、代官の鈴木源内ら五人が殺害された。近くの桜井寺を本陣とした彼らは、翌十八日、鈴木らを梟首し、五条の住民に対しては、同地を朝廷領とし、本年の年貢をこれまでの半額にするという布告を出した。

初陣の勝利に意気あがる天誅組だったが、まさにこの日、京都では八・一八の政変が勃発していた。そのため長州藩らの尊攘派が失脚し、尊攘派の圧力によって計画された天皇の大和行幸は取りやめとなった。

吉村虎太郎（1837～1863）
土佐藩士、天誅組総裁

政情一変の知らせは、京都の同志古東領左衛門《ことうりようざえもん》によって十九日正午ごろにもたらされ、天誅組一同を愕然とさせた。天皇が大和にやってこないことには、挙兵した意味はなくなってしまうのだ。彼らは軍議をひらき、今後の行動について話し合った。

しかし、結論は決まっていた。挙

兵によって火がついた彼らの血気を鎮めることは、もはや誰にもできなかった。このまま初志を貫徹し、倒幕の義軍となる。それ以外に彼らのとるべき道はなかったのだ。

彼らは兵を集めるため、五条をあとにして、二十一日に天《てん》ノ川辻《かわつじ》に本陣を移した。天ノ川辻の南には十津川《とつがわ》郷があり、そこの郷士たちは古来より武士の格式を与えられていて、尊王精神に厚いことで知られていた。この十津川郷士を味方につけようというのだ。

はたして二十五日、吉村虎太郎の呼びかけに応じて参集した十津川郷士は一〇〇〇人にもおよんだ。一気に勢力を拡大した天誅組の士気は高まった。

しかし、現実には彼らは戦闘に不慣れであるうえ、武器も乏しかった。二十六日の高取城をめぐる戦闘でそれが露呈し、一〇〇〇人の十津川郷士は、そのほとんどがわずか一日で散り散りになってしまった。

しかも、この日、吉村が誤って味方の銃弾を受けるという不運が重なった。弾は吉村の脇腹と太ももに命中していて、歩行にも困難をきたす重傷だった。

朝廷からは、紀州、津、郡山、彦根らの諸藩に討伐が命じられ、四方から追いつめられた天誅組は、九月十四日に天ノ川辻の本陣を攻略される。最後に残った四十余人は、吉野から河内方面へ脱出しようとしたが、二十四日、鷲家口《わしかぐち》で敵兵に出くわした。

このため、大将の忠光を脱出させようと、那須信吾ら六人が決死隊となって突撃し、全員はなばなしく闘死する。忠光は土佐の石田英吉、島浪間《しまなみま》らに守られ、かろうじて逃げ延びた。

ただし、三人の総裁はみな壮烈な最期をとげた。二十五日、松本奎堂と藤本鉄石はともに紀州藩兵に討ち取られ、鷲家谷の柴小屋に潜伏していた吉村虎太郎も、二十七日に津藩兵に発見された。

もはやこれまでとみた吉村は、「吉野山風に乱るるもみじ葉は、わが打つ太刀の血煙《ちけむり》とみよ」と高らかに辞世の歌を吟じ終えると、太刀をふるって小屋から飛び出した。たちまちのうちに津藩兵の銃弾が体を貫き、吉村は、「残念」と一言叫んでその場に息絶えた。

この最期の言葉にちなみ、のちに地元の人々は、吉村のことを「残念大将」と呼んで追悼するようになったという。

結果的には無駄な暴発となってしまった天誅組の行動だったが、これは倒幕という目的を明確に打ち出した最初の挙兵となった。このころから志士たちの目標は、攘夷から倒幕へと変化をみせていったのである。

参預会議から一会桑政権へ

文久三年（一八六三）八月の政変以降、尊攘派が京都から姿を消したため、一時的に公武合体派による政権のようなものができた。

これは「参預《さんよ》会議」と呼ばれるもので、島津久光（薩摩藩主の父）、松平春嶽（前福井藩主）、山内容堂（前土佐藩主）、伊達宗城《だてむねなり》（前宇和島藩主）、松平容保（会津藩主）、一橋慶喜（将軍後見職）といった顔ぶれで構成されていた。

いずれも、当代を代表する開明的君主で、新しい時代の舵をとるにふさわしい人々といってよかった。彼らは、同年末に朝廷から参預という職に任じられ、翌元治元年（一八六四）一月から、朝廷の下部機関として国政を議論した。

ただし、この参預会議には大きな問題も含まれていた。というのは、日本の政権は依然として徳川幕府が握っており、朝廷が勝手に政治を行っていいわけではない。確かに、薩摩と会津が朝廷を動かして尊攘派を駆逐することはできたが、だからといって朝廷の主導による雄藩連合に政権が移ることはないのだ。

特に立場の苦しかったのは一橋慶喜で、将軍後見職という徳川幕府の代表でありながら、朝廷の参預会議の主要メンバーでもあるというのは、やはり無理があるといわざるをえなかった。議論のうえでも、慶喜は幕府方の意見を代表する立場になるから、ほかの参預と対立して調整がつかなかった。

ついに二月十六日には、慶喜と、島津久光、松平春嶽、伊達宗城の三人が大喧嘩になり、慶喜は朝廷の中川宮に向かってこういったという。

「この三人は天下の大愚物、天下の大奸物です。なのにどうして宮は彼らを信用なさるのですか。天下の将軍後見職たる私を、三人の大愚物と同様に見てもらっては困りますよ」

酒に酔ったうえでの発言ともいうが、これが事実上の慶喜の決別宣言

伊達宗城（1818～1892）
宇和島藩主
（福井市立郷土歴史博物館蔵）

となった。

結局、雄藩連合による政権をつくるには、まだ時期尚早だったのだ。そのまま参預会議は分裂状態となり、三月上旬には正式に解散してしまった。公武合体派の雄藩君主たちが夢みた新政権は、わずか二か月で崩壊となったのである。

以後、京都における実権は、朝廷から禁裏守衛総督に任命された一橋慶喜と、京都守護職の会津藩主松平容保、それに容保の実弟で、新たに京都所司代に任じられた桑名藩主松平定敬《さだあき》の三人の手に握られることになる。

これは公武合体派という点では参預会議と同じだったが、参預会議のように雄藩寄りではなく、幕府寄りである点が違っていた。ただし彼らは政治の舞台となった京都にいることをいいことに、江戸の幕府からは独立した政権として動いていた印象があり、これを三者の頭文字をとって、特に「一会桑《いちかいそう》政権」と呼ぶこともある。

新選組、池田屋を襲撃する

前年の政変で京都から追い落とされた尊攘派は、元治《げんじ》元年（一八六四）に入ると、反撃を開始した。宮部鼎蔵（熊本）、北添佶磨《きたぞえきつま》（土佐）らの志士が、ひそかに京都に潜伏し、挙兵の計画をくわだてていたのだ。

その計画とは、烈風の夜を選んで御所の風上に火を放ち、その混乱に乗じて公武合体派の中川宮を幽閉し、京都守護職の松平容保を殺害したのち、天皇を長州へ連れ去ろうというものだった。

しかし、この動きを幕府方の新選組が察知した。六月五日早朝、商人桝屋喜右衛門《ますやきえもん》こと古高俊太郎《ふるたかしゅんたろう》（近江）を捕縛したことで志士たちの陰謀を知った新選組は、市中に潜伏する志士を一網打尽にするために一斉捜索に乗り出した。

同日午後七時に出動した新選組隊士三四人は、局長近藤勇以下一〇人が鴨川西、副長土方歳三以下二四人が鴨川東というように分担して取り調べを行った。そしてこの結果、午後十時になって近藤隊が発見したのが三条小橋西の旅宿池田屋だった。

近藤は、店の表と裏を固めさせ、沖田総司、永倉新八、藤堂平助の三人の腕利きを率いてみずから屋内に踏み込んだ。そして、店の者に向かい、「主人はおるか、御用改めであるぞ」と声をかけた。

突如現れた新選組の姿に驚いた池田屋の主人惣兵衛は、あわてて奥に駆け込み、裏階段を上ると、「みなさま、旅客調べでございます」と二階に向かって危機を告げた。このようすを見た近藤は、愛刀虎徹《こてつ》の鞘《さや》を払い、惣兵衛のあとを追って二階に上がった。

すると、二階奥の座敷には二〇人ほどの志士が集結していたので、近藤はそれに向かって、「御用改めだ。無礼いたせば容赦なく斬り捨てる」といいはなった。突然の襲撃に狼狽した志士たちの多くは、窓から裏庭に飛び降りて逃亡をはかった。

数人の志士は逃げずに抜刀して向かってきたが、沖田が、「この敵は私が引き受けた」というので、二階はまかせることにして近藤は階段を降りて敵を追った。その沖田は、一人の志士を斬り捨てたあと、肺結核の発作を起こして戦線を離脱することになる。

一方、階下の永倉と藤堂は、中庭に飛び降りてきた志士と斬り合い、数人を斬り伏せた。ただし、永倉は右手の親指の付け根をそがれる負傷をし、藤堂は額を割られて戦闘不能になるほどの重傷を負った。

　近藤は裏庭に逃げた志士を一人斬ったあと、永倉らの応援にまわったが、自慢の虎徹の刃はすでにぼろぼろに欠けていた。そんな苦戦を続ける近藤らのもとに、やがて鴨川東を捜索していた土方隊が到着した。これで戦況は一変し、また、応援の諸藩兵も七〇〇人ほどやってきて、池田屋の周囲を取り巻いた。

　以後は、斬り捨てから捕縛へと方針が変更され、池田屋の戦闘は、ようやくのことで決着がついた。新選組の命がけの働きによって、御所焼き打ちという陰謀は未然に防がれ、京都の平和は守られたのだった。

永倉新八（1839～1915）
新選組隊士（清水隆氏提供）

　この池田屋事件において、尊攘派は多くの志士を失うことになったが、その人数や顔ぶれを正確に記した書はほとんどない。事件で命を落とした志士たちの姓名を、ここで整理しておく必要があるだろう。

新選組との戦闘で討死

宮部鼎蔵（熊本）　大高又次郎（林田）　石川潤次郎（土佐）　広岡浪秀（長州）　福

岡祐次郎（伊予松山）

新選組との戦闘から脱出後に自刃

望月亀弥太（土佐）

諸藩兵との戦闘で討死

吉田稔麿（長州）　杉山松助《まつすけ》（長州）

状況不明ながら討死

北添佶磨（土佐）

事件に無関係ながら諸藩兵との戦闘の巻き添えで討死

吉岡正助（長州）　藤崎八郎（土佐）　野老山《ところやま》五吉郎（土佐）

負傷のため捕縛後に死亡

松田重助（熊本）

大枠でとらえれば、以上一三人が事件による死亡者ということになる。そのうち、新選組によって倒されたのは六人ないし七人ということになるだろうか。また、ほかに二十余人の関係者が翌朝までに捕縛されている。

この池田屋には長州の指導者である桂小五郎もやって来ていたが、新選組が襲撃したときには外出していたため、命びろいしたという。もっとも、これは本人の言い分であり、実際には襲撃と同時に逃亡した可能性も捨てきれない。

いずれにしても、かつて松下村塾四天王の一人に数えられた吉田稔麿や、坂本龍馬とともに海軍修行に励んだ望月亀弥太など、惜しい人材が軒並み命を落とした。これらの有力志士を失ったことは、尊攘派にとって、大きすぎる打撃となったのである。

禁門の変、長州藩朝敵となる

元治元年（一八六四）六月五日に勃発した池田屋事件の知らせは、現場から脱出に成功した長州藩士の有吉熊次郎によって、十二日に長州本国に届けられた。

かねてより藩主毛利慶親父子と、三条実美ら五卿の赦免を訴えるための上京を準備していた藩内過激派は、池田屋における志士の大量誅殺を聞いて憤激する。なお、前年に都落ちした七卿のうち、沢宣嘉は但馬生野の乱に加わって行方不明となり、また錦小路頼徳は病死していたため、残りは五卿となっていた。

ついに長州軍は出兵を決め、総勢二〇〇〇の兵が京都に向けて出発した。上京の名目は赦免嘆願ということだったが、むろん要求が通らなければ開戦もやむなしとの決意だった。さらに、あとから藩主父子が五卿とともに大軍を率いて上洛することになっていた。

六月二十五日、久坂玄瑞、真木和泉の率いる三百余人の軍勢が山崎天王山に陣を張り、次いで福原越後らの三百余人が伏見、来島又兵衛《きじまたべえ》、国司信濃《くにししなの》らの六百余人が嵯峨天龍寺、益田《ますだ》右衛門介《うえもんのすけ》らの六百余人が八幡に、それぞれ布陣した。

こうした京都を包囲するような陣形をとったまま、長州軍は朝廷に赦免嘆願を繰り返したが、聞き入れられることはなかった。その間に幕府方では諸藩兵が動員され、御所の周囲は厳重に固められた。

そして七月十八日、朝廷からの退去命令を長州側が拒否したことで両陣営は決裂した。翌十九日未明、ついに長州軍が発砲して開戦となる。この戦争を「禁門の変」といい、とくに御所の蛤《はまぐり》御門《ごもん》付近が最大の激戦地となったことから、「蛤御門の変」とも呼ばれた。

久坂玄瑞（1840～1864）
長州藩士（松陰神社蔵）

蛤御門に攻め込んだのは家老国司信濃の隊で、なかでも軍監の来島又兵衛の戦いぶりはみごとだった。側面から迂回して同門内に突入すると、守備の会津藩兵と激しく戦った。

このため、ほとんど会津が敗れそうになったとき、薩摩藩兵が応援にやってきて、馬上の来島を狙撃した。来島は胸に被弾し、落馬して絶命する。狙撃を指揮したのは、この二月に流刑地の沖永良部島から帰還していた西郷吉之助だった。

ところで、来島の奮戦ぶりにくらべて、長州軍の実質的指導者であるはずの久坂玄瑞には、積極的に戦ったという記録がない。実は久坂は、藩主父子の率いる援軍の到着なしには勝利はないとみており、この日の開戦には反対だったのだ。それで、朝廷からの退去命令に従い、兵をいったん引き揚げようとした。

しかし、武闘派の真木和泉が、「いま、このような千載一遇の機会に際し、退兵するなどとはもってのほかで、一戦に雌雄を決し、宿望を達するのは、このときをおいてほかにない」と主張した。この勇壮な論に押される形で、久坂はやむなく戦闘を決意したのだった。

だから、開戦後ほどなくして勝敗が決したのを知った久坂は、無謀に突進することはせず、公卿鷹司輔熙《すけひろ》の屋敷に立てこもって長州の真情を訴えようとした。そして、屋敷が火につつまれたのを知ると、松下村塾の同志、寺島忠三郎とともに自刃して果てたのである。

同じく松門の入江九一も自刃しようとしたが、久坂に、「帰国して殿にご報告申し上げよ」とさとされ、いったんは脱出を決心した。しかし、屋敷を出たところで福井藩兵に出くわし、槍で顔面を貫かれて討死してしまった。

結局、長州軍は一日ともたずに総崩れとなり、敗残の兵は本国をめざして退却した。

ただし、そのなかで真木和泉率いる一七人の浪士隊だけは逃げようとせず、山崎天王山の頂上に立てこもった。そして、会津藩や新選組が山麓に迫ったのをみると、頂上で一七人全員が自刃をとげてしまった。

ほかの長州兵とともに逃げることも可能だったのに、あえて真木が死を選んだ理由は、自分が主張した開戦論のために全軍を滅亡させてしまったことにあった。責任の重大さに加え、長州人ではない真木としては、生きて長州に引き揚げることはできなかったのだ。

こうして、禁門の変は長州軍の惨敗に終わり、以後、長州藩は御所に発砲した罪によって朝敵とされることになる。尊攘派は、維新史における最大の危機を迎えたのだった。

［第三章］

倒幕への道

——薩長同盟成立と
幕府の終焉

高杉晋作、功山寺で挙兵する

元治元年（一八六四）後半の長州藩は、内憂外患の連続で、滅亡の危機に瀕していた。七月の禁門の変で惨敗した長州に対して、今度はアメリカ、イギリス、フランス、オランダの四か国連合艦隊が攻撃を仕掛けてきたのだ。これは、イギリス公使オールコックの主張により、前年の攘夷戦争の報復をあらためて行ったものだった。

八月五日、関門海峡に襲来した四か国、合計一七隻もの軍艦は、長州領の下関を激しく砲撃した。長州側も反撃したものの、圧倒的な攻撃力の差はなすすべもなく、砲台は破壊され、あるいは上陸兵に占拠された。

戦争後の講和談判には高杉晋作が起用され、外国船の海峡の安全航行、薪炭の供給などの条件を受諾する。これまで攘夷一辺倒で突き進んできた長州も、ついにその方針を捨てざるをえないときがやってきたのだった。

そんな長州に追い打ちをかけるように、幕府は、禁門の変で御所に発砲した罪は重いとして、諸藩の兵を動員して征討することを決めた。第一次長州征伐といわれるものだ。

このころ長州藩内では、「正義派」と呼ばれる急進派と、「俗論派」と呼ばれる保守派が対立していたが、正義派の相次ぐ敗戦により、俗論派が勢力を拡大していた。幕府の征討軍に対しても恭順かどうかで対立し、ついに俗論派が正義派の粛清にかかる。

九月二十五日夜、正義派の井上聞多《ぶんた》（馨《かおる》）が俗論派の刺客に帰り道を襲われ、全身を斬りきざまれる重傷を負った。次いで二十六日の朝、正義派の大物の周布政之助《すふまさのすけ》が、政情に絶望して自宅で自刃して果てた。

井上聞多（1835～1915）
長州藩士（港区立港郷土資料館蔵）

こうして、藩の実権が俗論派の手に握られるようになると、高杉晋作は命の危険を感じて藩外へ逃亡した。愛人のおうのを連れて福岡に渡った高杉は、勤王歌人と呼ばれた野村望東尼《ぼうとうに》の山荘を訪れると、そこでしばらくの間かくまわれた。

しかし、俗論派政府は、幕府との

伊藤俊輔（1841～1909）
長州藩士（港区立港郷土資料館蔵）

交渉で無条件降伏してしまい、禁門の変の責任者として、出兵した家老の福原越後、国司信濃、益田右衛門介の三人に切腹を命じ、四人の参謀を断罪にした。この知らせを聞いた高杉は、逃げることをやめ、急ぎ長州に舞い戻った。

このままでは長州藩は滅亡する。そう危機感を抱いた高杉は、俗論派政府を打倒するために立ち上がったのだ。ただし、俗論派の背後には強大な幕府の征長軍が控えているため、高杉に賛同して戦おうという者はほとんどいなかった。かつて自分が創設した奇兵隊も、三代目総督の赤祢武人の反対により、動こうとしなかった。

結局、決起の日と定めた十二月十五日に、集合場所の功山寺《こうざんじ》に集まったのは、伊藤俊輔（博文）率いる力士隊十余人と、石川小五郎率いる遊撃隊（猟師による隊）六十余人の、合計八〇人に過ぎなかった。しかし、高杉はかまわず、この小人数での挙兵を決断した。

功山寺には、三条実美ら五卿が起居していたが、この三条らに向かい、高杉はいった。

「これよりは長州男児の肝っ玉をお目にかけ申す」

高杉にこのときどれだけの勝算があったのかはわからない。おそらくは、そのようなものはなかっただろう。それでも長州の窮状をみて、武士として、男として、決起しないわけにはいかなかったのだ。

そんな高杉の行動が奇跡を呼んだ。下関の藩会所《かいしょ》、三田尻の海軍局の襲撃に成功した高杉軍に勇気づけられ、奇兵隊以下の諸隊が、翌慶応元年（一八六五）一月六日になって参戦を表明したのだ。立場の悪くなった奇兵隊総督の赤祢武人は逃亡し、かわりに松下村塾出身の山県狂介《やまがたきようすけ》（有朋《ありとも》）が諸隊を指揮した。

わずか八〇人であった兵が、三〇〇〇人にもふくれあがり、諸隊は俗論派政府軍を大田・絵堂などで撃ち破った。そして二月二日には政府を打倒し、ふたたび正義派が政権を奪回したのだった。その間に幕府の征長軍は三家老切腹の条件に満足して撤退しており、長州の内戦に関与しなかったのも大きかった。

わずかの兵を率い、死を覚悟して挑んだ戦いで勝利をえた高杉晋作。その崖っぷちでみせた「肝っ玉」が、長州の、そして日本の未来を切りひらいたのである。

龍馬、亀山社中を創設

高杉晋作の挙兵以前、つまり文久三年（一八六三）八月の政変から、翌元治元年の禁門の変にかけて、長州藩尊攘派の勢力が衰退したことは、他藩の尊攘派の運命にも大きな影響を与えることになった。

とくに土佐藩では、前藩主の山内容堂がもともと尊攘路線に反対であったため、長州が失脚すると、すぐに自藩の尊攘派の取り締まりを行った。文久三年九月、土佐勤王党党首の武市半平太が捕縛されたのを皮切りに、相次いで勤王党員たちが捕えられ、翌年六月には人斬りの岡田以蔵も投獄された。

そして慶応元年（一八六五）閏五月十一日、武市は藩命により切腹を申し付けられ、無念の思いを込めて腹を三回も切って果てた。また同日、以蔵は武士として扱われずに断首に処され、首は三日間、雁切河原《がんきり》にさらされた。かつて京都で一世を風靡した土佐勤王党も、ここに壊滅したのである。

一方、こうした尊攘派弾圧の波は、同じく土佐出身の坂本龍馬の身にも迫っていた。

龍馬は幕臣勝海舟に入門し、神戸海軍操練所で修行を続けていたが、この操練所が幕府ににらまれた。元治元年（一八六四）六月の池田屋事件で闘死した望月亀弥太が、この操練所の生徒であったからである。

そのため、幕府に反逆する浪士を養うような機関を存続させるわけにはいかないということになり、海舟は十月に江戸に召還されて軍艦奉行を罷免され、やがて操練所も閉鎖されてしまった。結果的に、これが龍馬と師の海舟との永遠の別れとなる。

ただし、海舟は、江戸に帰る前に、龍馬ら塾生の身柄を薩摩藩の西郷吉之助に預けていた。

龍馬と西郷の出会いについては、有名な逸話があり、この年八月中旬、海舟の使者として初めて西郷と対面した龍馬は、帰ってきてからこう語ったという。

「なるほど西郷というやつは、わからぬやつです。少しくたたけば少しく響き、大きくたたけば大きく響く。もしばかなら大きなばかで、利口なら大きな利口でしょう」

つまり、それほど器の大きい人物であったということだ。海舟もこの報告を聞いて、「坂本もなかなか鑑識のあるやつだよ」とほめている。

そして、龍馬からの報告にもとづいて、九月十一日、海舟自身が西郷と初めて対面した。そのときの海舟の印象を、西郷が同志大久保一蔵（利通）にあてて書いている。

「勝氏に初めて面会したところ、実に驚くべき人物で、最初は打ちたたくつもりでいたのに、まったく頭が下がってしまいました。どれだけ知略があるのか知れないようすに見えました」

初対面の海舟を絶賛する西郷だった。この日、海舟は西郷に対して、幕府による統治がもはや限界にきていることを告げ、新たに開明派の大名四、五人による共和政治を行う以外に日本のとるべき道はないと話した。幕臣の海舟としては問題のある発言だったが、それほど国政の現状に危機感を抱いていたのだった。

この海舟の話に衝撃を受けた西郷は、以後、幕府寄りの立場を捨て、倒幕派に転向することになる。すでに薩摩藩を代表する立場になっていた西郷の転向は、藩そのものの方針の変更につながるため、その点で、海舟との出会いはきわめて大きな意味をもつものとなった。

これ以後、海舟と西郷は、立場を超えて尊敬しあう間柄となり、海舟が江戸召還にあたって龍馬らを薩摩に預ける気になったのも、それができる信頼関係が二人の間に生まれていたからであっただろう。

　ともあれ、西郷と薩摩藩家老小松帯刀《こまつたてわき》にかくまわれることになった龍馬らは、以後、薩摩の世話になりながら海軍の道をめざした。そして、その情熱が形になったのが、慶応元年五月に龍馬らが創設した「亀山社中」だった。

　これは、ふだんは薩摩船を運転して海運業を行い、いざ戦争となったときには倒幕のために軍艦に乗り組むという画期的な結社である。長崎の亀山に本拠を置いたので、後世になって亀山社中と呼ばれたが、当時はただの「社中」と称した。

　神戸海軍操練所で龍馬とともに修行していた近藤長次郎、沢村惣之丞、千屋虎之助、高松太郎、新宮馬之助、白峰駿馬《しらみねしゅんめ》、黒木小太郎、陸奥《むつ》源二郎（宗光《むねみつ》）をはじめ、龍馬に賛同する若者たちが諸方から集まり、揃いの白い袴をはいて船に乗っ

陸奥宗光（1844～1897）
紀州藩士、海援隊士
（和歌山市立博物館蔵）

た。

ふつうの志士が倒幕運動に血まなこになっているときに、龍馬は毎日、船に乗っていたわけである。

およそ龍馬の発想は、ほかの志士たちとはかけはなれており、その柔軟な考え方が、やがて幕末維新史を大きく動かしていくことになる。

薩長同盟、龍馬の仲介で成立する

坂本龍馬が亀山社中をつくった慶応《けいおう》元年（一八六五）のころ、一部の志士たちの間で話題にのぼっていたのが、薩長和解という問題だった。

倒幕の大義のために、雄藩の薩摩と長州の手を結ばせようというものだ。しかし、長州は八・一八の政変でひどい目にあわされて以降、薩摩を天敵のように憎んでおり、両者が手を結ぶなどというのはありえない話だった。

この薩長和解策を、早くから唱えていたのは、土佐藩出身の土方久元と中岡慎太郎らで、彼らは、実力のある二つの大藩がいつまでも反目しあっていては、幕府に対抗する勢力の結集はできないと考えていた。そして、その構想に賛同したのが、同藩の坂本龍馬だったのである。

龍馬と土方、中岡は、協力して薩長和解の実現に尽くし、慶応元年閏五月には、薩摩代表の西郷吉之助と、長州代表の桂小五郎の会談を設定するまでにこぎつけた。しかし、このときは西郷がまだ和解に踏みきれず、会談場所の下関に現れなかったので、かえって桂を、「僕はもともと君たちの言葉を疑っていたのだ。やっぱりそのとおりになったではないか」と激怒させてしまった。

龍馬らはひたすら謝り、なんとか桂の機嫌を直すようつとめると、少し落ちついた桂は、薩長和解のためとして次のような条件を出してきた。

「まず薩摩から使者をこちらに送り、和解の議を申し入れること。そうしなければ、諸隊が決して承知しないだろう。それともう一つ、薩摩の名義を借りて外国商人から軍艦を購入することを仲介してほしい」

当時、長州は幕府の征討対象となっていたため、外国からの武器類の輸入はできない状態になっていた。そこで桂は、薩摩の名義で購入したものを、ひそかに長州に横流しすることを依頼したのだ。

この条件を龍馬は快諾した。さっそく、薩摩側の許可をとり、イギリス商人グラバーから軍艦ユニオン号を三万七五〇〇両、また洋式銃七三〇〇挺《ちょう》を九万二四〇〇両で購入した。これを自分の亀山社中を使って下関まで運搬し、長州側に引き渡した。

待望の軍艦と鉄砲を受け取った桂小五郎はよろこんだ。そして、これだけの誠意をみせた薩摩を許し、和解に応じることにしたのだった。

翌慶応二年（一八六六）一月八日に京都に上った桂は、二本松の薩摩藩邸に入り、薩摩との交渉の席についた。龍馬の到着は予定日より遅れていたが、薩長和解についての障害はもはやなくなっていたから、とくに問題はなく交渉は進むと思われた。

ところが、一月二十日に京都入りした龍馬が、桂から聞かされたのは意外な言葉だった。

「君らの同志が今日までせっかくの尽力をしてくれたが、僕はこのまま帰国するつもりだ」

驚いた龍馬は、どういうことかと事情を尋ねたが、和解の話は一向に進んでいないという。桂は続けてこう言った。

「坂本君よ、考えてもみたまえ。現在の薩摩は中立するにしても、ある

桂小五郎（1833～1877）
のちの木戸孝允、長州藩士

いは誰に味方するにしても、その進退は自由である。一方、長州は天下を敵として、その包囲中に孤立している状態なのだ。なのに毎夜の宴席で、いまだ薩摩の重役から連合のことを言い出さない。いまそれをこちらから言い出せば、まるで憐れみを他人に乞うようなものだ。たとえ長州が焦土になったとしても、面目を落とすような見苦しい態度をとることはできない。それで、きっぱりと帰国しようと決心したのだ」

なるほど、和解を長州のほうから切り出すわけにはいかなかったという桂の言い分はわかる。しかし、一藩の面子《メンツ》にこだわって日本の未来を誤らせるわけにはいかないのだ。しばらく待っていてくれといい残して、龍馬は薩摩藩邸に走った。

そこで西郷らに対して、長州の苦しい立場を説明し、薩摩の態度の冷たさを責めた。この龍馬の熱意が通じた。西郷も反省の色をみせ、「こちらから、あらためて同盟のことを桂さんに申し入れましょう」というのだった。

こうして一月二十一日、薩摩が長州に同盟を申し入れる形で、両者の和解は成立した。しかも、単なる仲直りというだけではなく、きたるべき幕府との戦争における対応も視野に入れた軍事同盟が結ばれたのだ。これを薩長同盟といい、内容は次のようなものだった。

一、長州と幕府が戦争となったときは、薩摩はすぐさま二〇〇〇人の兵を上京させ、現在の在京の兵に合流し、大坂にも一〇〇〇人の兵を送り、京坂両所を固めること

一、戦いが長州の勝利となりそうなときは、薩摩は朝廷に申し出て、長州の冤罪《えんざい》をはらすように尽力すること

一、万一、負けそうなときでも、一年や半年で壊滅するようなことはないので、その間に薩摩は必ず尽力すること

一、幕兵が東帰したときは、薩摩は朝廷に申し出て、すぐさま長州の冤罪が解けるように尽力すること

一、兵を上京させたうえで、一橋、会津、桑名などがいまのように朝廷を擁し、正義をこばみ、周旋尽力の道をさえぎるときは決戦におよぶほかはないこと

一、冤罪が解けたうえは、両藩は誠心をもって力を合わせ、日本のために砕身尽力することはいうまでもなく、いずれの場合にあっても、今日から両藩は日本のため、天皇の威光が増し、復権することを目標に誠心を尽くし、必ず尽力すること

これら六か条の議決内容は、正式な文書にはされなかったが、後日、桂が独自に清書し

た文書の裏には、「表に記された六か条は、小松（帯刀）、西郷の両氏、および老兄（桂）、龍馬なども同席して話し合ったものであり、少しも相違はありません」と龍馬が朱筆で裏書きした。

龍馬が保証するという形で、いま薩長同盟という大事業が成立したのだった。

一介の浪士という立場でありながら、絶対に無理と思われた二藩の同盟を実現した龍馬。この同盟締結をきっかけにして、幕末維新の潮流は倒幕に向けて勢いを増していくのである。

第二次長州征伐も幕府軍敗れる

第一次長州征伐のとき、長州藩は三家老の切腹などの条件をのんで降伏したが、そのあと高杉晋作が挙兵し、藩政の実権はふたたび正義派（倒幕派）が握るようになっていた。

そのため、慶応元年（一八六五）二月、幕府は長州藩主毛利敬親（慶親）父子と、九州太宰府に移っていた三条実美ら五卿を江戸に呼び寄せ、事情を糾明しようとした。しかし、すでに倒幕派政権となっていた長州藩は、幕府のいうことを聞こうとはしない。

反抗的な姿勢をとるようになった長州藩に対し、同年五月、二度目の征討軍が送られることになった。これを第二次長州征伐という。今度は、将軍徳川家茂も全軍を指揮するために上洛し、閏五月、大坂城を征討軍の本拠地とした。

ただし、長州再征への諸藩の同意は必ずしも得られていなかった。再征を行う大義名分が弱かったうえ、出兵にかかる莫大な費用が諸藩を消極的にさせた。もともと諸藩それ自体は長州に対する敵意を抱いていないのだから、求心力の弱まっている幕府が、諸藩を統率することは難しい時期にきていたのだ。

そこで、幕府は翌慶応二年（一八六六）一月、あらためて長州藩領の一〇万石削減、藩主父子の蟄居などの処分を決定し、長州に通達した。これを長州がのめば、戦争に至らずに事態は収拾されることになる。

しかし、ちょうどそのころ、長州は薩摩との間に薩長同盟を結んでいた。この背景があったこともあって長州は強気に出、幕府の通達には従わなかった。

こうした長州の態度は、さすがに幕府にとっては許すことのできないものだった。ついに武力衝突は避けられないものとなり、同年六月七日、幕府の軍艦が周防《すおう》大島を砲撃して戦争の火ぶたがきられた。

この大島口のほか、長州への入り口となる石州口、芸州口、小倉口といった四方向で戦闘が行われたため、このときの戦争を長州側では四境戦争と呼んだ。

迎え撃つ長州の諸隊は、このころ奇兵隊、御楯《みたて》隊、鴻城《こうじょう》隊、遊撃隊、南園隊、荻野隊、膺懲《ようちょう》隊、第二奇兵隊、八幡《はちまん》隊、集義隊の一〇隊、二〇〇〇人に整理されており、正規の藩兵二〇〇〇人と合わせて四〇〇〇人の兵力ということになった。

これに対して、攻める征長軍は一〇万人の大軍で、兵力の点ではくらべものにならない差が両軍の間にはあった。しかし、それにもかかわらず、いざ開戦となると、諸所で長州軍が征長軍を撃ち破り、予想に反する展開をみせることになった。

この長州軍の善戦の理由は二つ考えられた。一つは、前年から村田蔵六《むらたぞうろく》（大村益次郎）の手で行われていた軍制改革の成果であった。四か国連合艦隊との戦いによって旧式武備の無力なことを知った長州では、その後、積極的に軍制を西洋式に変え、幕府との一戦にそなえていたのだ。

大村益次郎（1824～1869）
長州藩士

とくに銃砲は新式のものを取り入れており、坂本龍馬の斡旋で、薩摩名義の鉄砲を多数輸入できたことも大きかった。ミニエー銃四三〇〇挺、ゲベール銃三〇〇〇挺が兵士に配布され、長州軍は確実に強化されていた。

そしてもう一つ、勝敗を決した大きな要因は、両軍の士気の差だ。この一戦で敗れれば藩は滅亡せざるをえないという、悲壮な危機感のもとに結束していた長州軍にくらべ、前述したように征長軍には戦意が乏しかった。いわば、いやいや出陣しているのだから、勝利などおぼつかないのは当然でもあった。

これらの差が、圧倒的な兵力差を逆転し、長州軍は征長軍をほとんどの戦線で撃ち破ることになった。石州口には征長軍の主力が押し寄せたが、村田蔵六が参謀として直接指揮をとり、絶妙の用兵で敵を駆逐した。

また小倉口では、海軍総督に任じられた高杉晋作が指揮をとり、高杉みずからが軍艦丙《へい》寅《いん》丸に乗って戦った。この方面では、坂本龍馬と亀山社中も応援に駆けつけ、ユニオン号（乙丑丸《いっちゅうまる》）に乗って敵を砲撃した。

小倉口の戦いは、四境のなかで最も激しい戦いとなったが、やがて、征長軍の戦意を一気に喪失させる出来事が起こった。

七月二十日、将軍家茂が大坂城内で病死したのである。この知らせに接した諸方の征長軍は、総大将がいないのならば戦場に長居は無用と、やがて兵を解いて引き揚げてしまった。第二次長州征伐は、意外な形で幕切れを迎えたのだった。

九月、失脚していた勝海舟が復権して停戦交渉の使者として安芸宮島に派遣され、広沢兵助《ひょうすけ》（真臣《さねおみ》）らの長州代表と会談をもった。その結果、講和条件として藩主父子の謹慎という軽い処置だけが決まり、長州再征には終止符が打たれたのである。

なお、長州軍を指揮して奮戦した高杉晋作は、肺結核を病んでおり、このころ病状はかなり進んでいた。結局、翌年四月十四日に二十九歳で没することになる。短くも激しく燃え尽きた生涯だった。

徳川慶喜、一五代将軍となる

慶応二年（一八六六）七月に徳川一四代将軍の家茂が死去したあと、将軍位を継ぐことのできる人材は一橋慶喜しかいなかった。安政の将軍継嗣問題のころからの有力候補に、ようやく順番がまわってきたのだ。

しかし、慶喜は、突然こんなことをいい出して周囲を困らせた。

「家を継ぐだけは継いでもよいが、将軍職は受けない。それを承知ならば家を継ぐ。将軍職を何が何でも受けなければならぬというこことならば、どうあっても受けない」

徳川家のみを相続して、将軍には就任しないというのである。この慶喜の提案には幕閣も困惑したが、とりあえず徳川家だけでも継いでもらえれば、あとはどうにかなるだろうということで、慶喜のいうとおりにした。

では、なぜ慶喜はこのとき将軍になろうとしなかったのか。

それは、彼ののちの行動にも見受けられる「保身」の気持ちが働いたためだろう。折しも第二次長州征伐軍は苦戦を続けており、人々の心も幕府から離れはじめている。このような情勢のなかで将軍になったとしても、自分が損をするだけと判断したに違いない。

思い返せば、安政のころは有力大名たちはほとんどが自分を将軍にと推してくれた。ところが、いまは諸大名たちは徳川による支配ではなく、雄藩連合による共和政治を考えるようになっている。とりたてて英明の慶喜を将軍にする必要はなくなっているのだ。

だから、逆にいえば、諸大名が何がなんでも慶喜を将軍にといってくれれば、引き受けてもいいという気持ちはあった。そのあたりの慶喜の性格については、松平春嶽（前福井藩主）がおもしろい表現で語っている。

徳川慶喜（1837～1913）
15代将軍（茨城県立歴史館蔵）

「ことわざにいう『ねじあげの酒飲み』で、十分ねじあげられたうえ、お受けになるのだ」

つまり、はじめは飲めないと断っておきながら、人から勧められると内心よろこんで飲むタイプの酒飲みのようだというのである。

現に慶喜は、急遽、諸大名を召集して会議を開き、その合意によって将軍就任を決定しようとした。これは、当初は松平春嶽が共和政治のために召集しようとしたものだったが、途中で慶喜が強引に目的を変更した。

怒った春嶽は福井に帰国してしまい、ほかの諸大名も、会議に参加することを見合わせる者が続出した。結局、十一月七日と八日に行われた大名会議に出席したのは、加賀、岡山、松江、徳島、津、福岡、米沢の七藩の代表者だけという寂しい事態になってしまった。

それでも慶喜は、彼らの信任を受けるかたちで将軍職就任を決め、はれて十二月五日に徳川一五代将軍となったのである。まさに、「ねじあげの酒飲み」という形容がぴったりの慶喜であった。

こうした茶番のような経緯で将軍となった慶喜だが、実力的には、前将軍の家茂をはるかに凌駕する人物であるのは間違いなかった。

同年八月、まだ徳川家を継いだだけの段階から幕政の改革に着手し、その行動力を世間にみせつけている。とくに軍制改革の充実ぶりはたいしたもので、長州征伐の敗北を踏まえて、幕府陸軍の洋式化を推進した。

たとえば幕府には昔から大番組、書院番組、小姓組といった旗本軍団があったが、剣槍中心のこれらの部隊を思い切って廃止し、銃隊に編成し直した。また、歩兵は庶民から募集され、フランスから軍事顧問団が来日して、調練にあたることになった。

この慶喜の動きは、倒幕派にも聞こえており、木戸準一郎（孝允《たかよし》）と改名した長州の桂小五郎などは、次のように警戒を強めている。

「いまや関東の政令は一新され、兵馬の制にもすこぶる見るべきものがある。一橋（慶喜）の胆略は決してあなどることはできない。もし、いま朝廷政権の実現の機会を失い、幕府に先手を打たれるようなことがあれば、実に家康の再生を見るようなものだ」

徳川家康と比肩されるほど、慶喜の実力は、この時点では倒幕派にとっての大きな脅威だったのである。

土佐藩を海から援ける海援隊

慶応三年（一八六七）を迎えたころ、倒幕運動は、薩摩と長州の二藩によって推進されていたといっていい。

以前は、ほかに水戸や土佐が力を持っていたが、水戸藩は尊王攘夷の総本山といわれながら、藩内が尊王と佐幕の二派に分かれ、抗争を繰り返しているうちに、かつての力を失ってしまっていた。

また土佐藩は、下級藩士による勤王党が元気な時期もあったが、前藩主山内容堂が公武合体による幕権擁護の思想から脱却できないでいた。そのため、早くから倒幕一筋の長州や、公武合体から倒幕へ切り替えの速さをみせた薩摩にくらべ、遅れをとっていたのだ。

この状況を憂慮した土佐藩参政の後藤象二郎《ごとうしょうじろう》は、藩がふたたび政界の中心に返り咲くための方法を探った。そこで浮かんだのが、自藩を脱藩して広い世間で倒幕の志士として活躍している坂本龍馬のことだった。

かの薩長同盟も龍馬の仲介によってできたものであるという。この有能な男の脱藩罪を許し、今後は土佐のために協力させるようにすれば、藩の復権も可能となるはずだった。

こうして一月中旬、長崎の清風亭で龍馬と後藤の会談が行われた。ただし、はじめ龍馬のほうは、あまり乗り気ではなかった。

というのは、土佐では武市半平太や岡田以蔵らの勤王党員に大弾圧を加えた過去があり、参政の後藤はそれを実行した張本人だったのだ。昔の仲間を殺した男と、笑顔で会えるはずがなかった。

後藤象二郎（1838～1897）
土佐藩参政（港区立港郷土資料館蔵）

亀山社中の同志たちも、会談の行方を気にしており、やがて龍馬が会談を終えて帰ってくると、先を争って、「後藤はどうでした」と聞いた。すると龍馬は意外にも、「近ごろの土佐の上士《じょうし》（上級武士）のなかでは珍しい人物だった」と答えた。

なぜかと同志たちが重ねて問う

と、龍馬は、「彼と我とは、昨日までは刺さば突こうという敵同士であったのに、あえて一言もこれまでのことにおよばず、ただ前途の大局のみを説くのだ」と語った。この後藤の前向きな姿勢を龍馬は気に入り、なかなかの人物と評価したのだった。

同志たちはそれでもまだ半信半疑だったが、誰かが、「西郷、大久保、木戸、高杉、もしくは勝とも出会っている坂本さんが、こうまで後藤に心服するからには、後藤も人物に違いないだろう」といい出して、みな納得した。

もっとも、龍馬を本当に感激させたのは、後藤の話の内容だった。これまで殿様の容堂の意向で幕府寄りの態度をとってきた土佐が、ようやく倒幕派として動き出すことになったという。それを聞いた龍馬は、歓喜の思いを木戸孝允（桂小五郎）に書き送っている。

「今年七、八月にもなれば、ことによっては昔の長、薩、土となるだろうと楽しみにしています」

以前、薩長と並び称されたころの土佐に戻るだろうというのだ。龍馬は藩を脱してはいても、やはり故郷の土佐のことは気にかかっていた。

だから、土佐が往年の力を取り戻して倒幕に尽くすということは、何よりも龍馬をよろこばせたのである。

坂本龍馬（左から3人目）と海援隊士

もっとも、そんな龍馬のことを姉の乙女は、後藤という悪人にだまされて、当初の志を忘れてしまったのではないかと心配した。すると、龍馬は手紙にこう書いて、自分の気持ちを訴えた。

「私ひとりで五〇〇人や七〇〇人の人を率いて天下のために尽くすより、二四万石を率いて天下国家のために尽くすほうが、はなはだよろしいでしょう」

藩という後ろ盾を持たずに、一介の浪士として働いてきた龍馬にとっては、小人数でできることの限界がわかっていたのだろう。それよりも土佐藩二四万石を動かせるのならば、目標の実現に大きく前進することができる。龍馬は、その方向を選択したのだ。

そして、四月、龍馬の亀山社中は土佐藩の支配下に入ることになり、名称も「海援隊《かいえんたい》」とあらためられた。土佐藩を海から援《たす》ける隊という意味だ。

この海援隊の隊長として船に乗りながら、日本の未来を改革する。龍馬の新たなる出発だった。

薩摩と土佐、倒幕密約を結ぶ

慶応三年（一八六七）五月、島津久光（薩摩藩主の父）、松平春嶽（前福井藩主）、山内容堂（前土佐藩主）、伊達宗城（前宇和島藩主）の四人が京都に集まり、国政について話し合った。これを「四侯会議」といい、三年前の参預会議の中心メンバーがふたたび顔を合わせたのである。

板垣退助（1837～1919）
土佐藩士（国立国会図書館蔵）

実は、今回は薩摩藩の西郷吉之助と大久保一蔵が裏で糸をひいており、兵庫開港と長州処分という二つの問題で幕府に圧力をかけ、一気に政権を雄藩連合側に移そうとはかったのだった。

中岡慎太郎（1838～1867）
土佐藩士、陸援隊隊長

しかし、あいかわらず大名たちの足並みはそろわず、新将軍となった徳川慶喜に、逆にやりこめられてしまうありさまだった。結局、四侯会議は同月中に解散となり、薩摩の思惑どおりにはいかなかった。

やはり、なしくずしで政権を奪取しようというのは甘かった。西郷と大久保はそう痛感し、倒幕の実現のためには、もはや武力行使しか方法はないと決意するのだった。

ちょうどそのころ、土佐の武力倒幕派で、陸援隊《りくえんたい》隊長に就任した中岡慎太郎が、同藩の乾《いぬい》（板垣《いたがき》）退助《たいすけ》を伴って会談を申し入れてきた。

乾は、土佐藩士のなかでも後藤象二郎と同格の上士であり、藩政に影響を与えることのできる人物だった。その乾が、中岡とともに武力倒幕に尽くそうといってきたのである。これは、中岡にとっても、西郷らにとっても大きな希望だった。

五月二十一日、薩摩の西郷、小松帯刀、吉井幸輔《よしいこうすけ》と、土佐の乾、中岡、谷守部《もりべ》、毛利恭助が会談し、時勢を語り合った。

席上、乾はこういった。

「藩論がどうであろうとも、同志で決起して倒幕の義軍に参加しよう。いまから一か月の猶予をいただければ、国許の同志を率いて参戦する。もし、それができなければ、この退助は生きてあなたがたに会わないつもりだ」

この決意を聞いた西郷は、

「まさに勇者の一言だ。近ごろこのような快事は耳にしない。誓って義挙をともにしよう」

と感動していった。中岡もまた、席を乗り出して、こう宣言した。

「ならば僕は西郷氏の人質となろう。万一、乾が約束を守れなかったときは、僕が割腹しておわびをする」

一同は喝采し、勇壮なやりとりのなかで、この日、薩摩と土佐の間で秘密の同盟が結ばれた。これを一般に「薩土《さつど》密約」という。

先に締結された薩長同盟に引き続き、もう一つの雄藩である土佐が、いま倒幕同盟に加わったのである。

船中八策と新時代構想

中岡慎太郎から薩土密約の件を聞いた坂本龍馬は、土佐が本格的に倒幕に乗り出した状況をよろこんだ。しかし、その一方で龍馬は、自分には違う考えがあるといって、こう語った。

「幕府の海軍は、いまだあなどることはできない。薩長が手を結び、土佐もこれに加わったとしても、かなわないのではないか。いまもし軽挙して敗れるようなことがあれば、かえってこちらの弱点を暴露することになる。ならば、むしろ正々堂々の議論をもって幕府に迫り、政権を奉還させるほうがいい。その議論が受け入れられなかったときに、初めて武力を用いても遅くはないだろう」

中岡は、武力行使なくして政権の奪取などできるはずがないと内心では思っていたが、龍馬のいうことにも一理はあるので、しいて反論はしなかった。

龍馬がこのとき語った、幕府に政権を返上させる策のことを、「大政奉還」という。特

大久保一翁（1818～1888）
幕臣（福井市立郷土歴史博物館蔵）

に龍馬が考え出した策ではなく、幕臣の大久保一翁《いちおう》（忠寛《ただひろ》）や、熊本藩士横井小楠《しょうなん》らの開明的論者が以前から唱えていたものだ。

徳川家がみずから政権の座を降りるかわりに、これまでの失政をとがめられることなく、新政権にも一諸侯として参加する資格が与えられる。徳川家は存続されながら倒幕が実現する、奇跡のような無血革命策である。

ただし、この策が成功するためにはタイミングが大事であり、幕府側にその気がなければいくらいっても無意味なことだった。その点、第二次征長戦で敗北を喫し、幕威が低下しきっているいまは、策を打ち出すのに最適な時期だったのである。

六月九日、龍馬は、後藤象二郎とともに長崎から京都へ船で向かうことになり、このとき、大政奉還策および新政府のなすべき政策が後藤に対して語られた。龍馬の言葉は同乗の海援隊士長岡謙吉によって記録されており、八か条の内容が船中で語られたというので、一般にこれは「船中八策《せんちゅうはっさく》」と呼ばれている。

一、天下の政権を朝廷に奉還し、政令は朝廷から出すこと

一、上下議政局を設け、議員を置いて、すべてのことを会議で決定すること

一、有能な公卿、諸侯、および天下の人材を顧問にし、官位爵位を与え、従来の有名無実の官を除くこと

一、外国との交際は広く会議で決め、新たに適当な条約を結ぶこと

一、古来の律令を折衷し、新たに無限の法律を制定すること

一、海軍を拡張すること

一、御親兵を置き、帝都を守衛させること

一、金銀、物価は外国と平均の法律を制定すること

この八策には、大政奉還のほか、議会の開設、人材の登用、外国との新条約の締結、憲法の制定、海軍の充実、親兵の設置、金銀交換率の均一化といった、新しい政府のとるべき基本方針がみごとに盛り込まれており、その精神は「五箇条の御誓文《ごせいもん》」というかたちで、明治新政府に引き継がれることになる。

後藤も、これには感激した。「絶妙」と一言つぶやくと、「これを容堂公に献上して藩論を定めよう」といった。

そのころ山内容堂は、四侯会議などの舞台で、薩摩の主導ですべてのことが進められ、自分がまったく政治に影響力を発揮できずにいる現状に悩んでいた。だから、後藤から船中八策を提示されると、大いに喜び、「象二郎、よく気がついた」と上機嫌になった。

この八策によって幕府が政権を返上すれば、献策をした土佐の功績は大きい。一躍、政界の中心に躍り出ることができるだろう。龍馬の八策は、日本の未来を創ると同時に、故郷の土佐の立場をも救うことになるのだった。

幕末維新期に活躍した志士の逸材は多かったが、そのなかで、倒幕という目的を果たしたあと、どのような日本をつくっていくかということまでを考えていた者は、ほとんどいなかった。その唯一といってもいい例外が、龍馬だったのである。

大政奉還、幕府が政権を返上する

慶応三年（一八六七）六月二十二日、薩摩藩代表の西郷吉之助、大久保一蔵、小松帯刀と、土佐藩代表の後藤象二郎、福岡藤次《ふくおかとうじ》、寺村左膳、真辺栄三郎《まなべえいざぶろう》、それに有志代表として坂本龍馬、中岡慎太郎が参加し、三本木の料亭で会談が行われた。

このとき結ばれた同盟を「薩土盟約」という。前月の「薩土密約」を発展させたような同盟だったが、あのときの方針が武力倒幕であったのに対して、今回は坂本龍馬による大政奉還策が中心にすえられた。

薩摩の西郷や大久保は、席上、土佐側の提案を承認したが、内心では、政権を自分から返上するなどという献策を幕府が受け入れるはずがないと思っていた。そのため、このあとも独自に武力倒幕路線を進めることになる。

一方の土佐は、龍馬の船中八策をもとにして大政奉還建白書を作成し、多少の時間を費やしたものの、十月三日に山内容堂の名で幕府に提出するところまでこぎつけた。

建白書は後藤らから老中板倉勝静《いたくらかつきよ》に手渡され、即日、将軍慶喜のもとに届けられた。これに目を通した慶喜は、しかし、迷うことはなかった。徳川幕府をめぐる政治情勢の厳しさから、これ以上、幕藩体制を維持することは難しいとみて、ほとんど即座に政権の返上を決めたのである。

側近の板倉や若年寄格永井《ながい》尚志《なおゆき》にそのことを告げると、二人も、やむをえないことといって納得した。政権返上という大問題は、わずかにこの三人の間だけで話し合われたものに過ぎなかったのだ。

板倉勝静（1823～1889）
備中松山城主、老中
（港区立港郷土資料館蔵）

慶喜は、二人に向かってこうもいった。

「本来ならば、開祖以来三百年に近い政権を奉還するのだから、譜代大名以下旗本をも集めて衆議をするべきだろうが、それでは、いたずらに混乱を招くだけで議決は望めない。むしろ、まず事を決めてから、その

永井尚志（1816～1891）
幕臣、若年寄

あとで知らせるほうがいいだろう」

そういって、十月十三日に在京四〇藩の重臣を二条城に召集した。当日は、大政奉還建白書を回覧して一同の承認を求め、意見があれば残って述べよということになった。

もっとも、みな、「非常の大事でありますから、すみやかに本国へ申し伝え、藩論を確認してからあらためて上申いたしましょう」といって退散し、あとに残ったのは、小松帯刀、後藤象二郎、福岡藤次、広島藩の辻将曹《しょうそう》ら六人だけであったという。

彼らは別に意見があったわけではなく、むしろ大政奉還の提案者側であったから、慶喜に対しても、「今日は未曾有《みぞう》の御英断で、まことに感服つかまつってござる。ありがたいことでござる」などというだけだった。

こうして諸藩の同意を得た大政奉還は、翌十四日に朝廷に上表され、十五日に承認の返答が下されたのである。二百六十余年続いた徳川幕府は、最後は実にあっけなく、その幕を降ろしたのだった。

では、なぜこんなにも簡単に、慶喜は政権を手放したのだろうか。

それは、一言でいえば、慶喜の先をみる目に誤算があったからだった。

実は慶喜は、大政を奉還したとはいえ、徳川家の立場は以後も尊重されるものと思っていた。つまり新しく樹立されるであろう公議政体に、徳川も参加するつもりでいたのだ。

そして、それに参加する以上、諸侯を圧倒する所領を誇る徳川家が、衆のなかで重きをなすのは自然なことと思っていた。むろん約束されたものではなかったが、大政奉還によって公議政体に移行するというのは、そういう意味だと思っていたのである。

しかし、建白書を提出した土佐藩のことはいざしらず、一見、土佐に同調しているかにみえた薩摩藩の意志を慶喜は読み違えた。薩摩は、あくまでも武力倒幕にこだわっており、政権返上だけでことをおさめようとは思っていなかった。幕府を倒すだけではなく、徳川家を打倒しないかぎり、新時代の到来はないというのが薩摩の考えだったのである。

そのことを見通せなかった慶喜は、結果的に無意味な政権返上を行ってしまったことになった。いわば徳川幕府の終焉はこうした読み違いが招いたものにほかならなかったのだ。

龍馬、近江屋で暗殺される

徳川慶喜が大政奉還を諸侯に諮問した慶応三年（一八六七）十月十三日、時を同じくして「討幕の密勅」なるものが、朝廷から薩摩藩の島津久光父子に下された。翌十四日には、長州藩の毛利敬親父子に対しても同文のものが下されている。

これは、大政奉還策に反対していた薩摩の大久保一蔵（利通）が、倒幕派の公卿岩倉具視を動かして実現させたものだった。

大久保らは、薩摩と長州の国許で倒幕軍の上京を準備させていたが、十月に入ると、大政奉還がいよいよ実行されそうだという情報をつかんだ。もしこれで政権が返上されてしまえば、幕府を武力で倒す大義名分がなくなってしまう。

そのことを危惧した大久保らは、なんとか大政奉還が宣言される前に、幕府を征伐せよとの命令を朝廷から出させようとした。そして大久保の意を受けた岩倉が、同志の公卿正親町三条実愛らに文書を作成させ、まだ幼い新天皇には何の相談もなしに勅書として発行させたのである。

しかし、最後は、討幕の密勅が出されるのが早いか、大政奉還が行われるのが早いかという時間との競争になり、ぎりぎりのところで大政奉還派が勝利をおさめたのだった。その結果、幕府と倒幕派との武力衝突はとりあえず回避され、政権は穏やかなうちに朝廷側に移された。

この無血革命の成功を、誰よりもよろこんだのは坂本龍馬だった。

大久保利通（1830〜1878）
薩摩藩士

「慶喜公、よくぞ決断してくれた。おれは誓ってこの人のために一命を捧げよう」

そういって、涙をはらはらと流したという。無用な内戦を避けたかった龍馬としては、自分の献策を慶喜が理解し、受け入れてくれたことに感激の思いだった。そこに、立場を超えた同志的感情がめばえ、思わず慶喜のために命を捨ててもいいといった言葉が口をついて出たのだろう。

そんな龍馬が次に着手した仕事は、新政府の組織づくりだった。

新政府がようやくできたとはいっても、朝廷の公卿たちだけで政治が行えるとはとうてい思えなかった。諸藩から有能な人材を集め、それらと朝廷との連立内閣的なものをつくらないと、国政は立ち行かない。

そうした考えから、龍馬が三条家家臣の戸田《とだ》雅楽《うた》と相談して作成した職制が、次の「新官制擬定書」である。

関白
　三条実美（公卿）
内大臣
　徳川慶喜（徳川）
議奏
　有栖川宮熾仁親王（宮家）　仁和寺宮嘉彰《にんなじのみやよしあき》親王（宮家）
　山階宮晃《やましなのみやあきら》親王（宮家）　島津忠義（薩摩）
　毛利広封《ひろあつ》（長州）　松平春嶽（福井）

山内容堂（土佐）　鍋島閑叟《なべしまかんそう》（佐賀）
徳川慶勝《よしかつ》（尾張）　伊達宗城（宇和島）
正親町三条実愛（公卿）
中御門経之《なかみかどつねゆき》（公卿）　中山忠能（公卿）

参議

岩倉具視（公卿）　東久世通禧（公卿）
大原重徳（公卿）　長岡良之助《よしのすけ》（熊本）
西郷吉之助（薩摩）　小松帯刀（薩摩）
大久保一蔵（薩摩）　木戸孝允（長州）
広沢兵助《ひょうすけ》（長州）　横井小楠（熊本）
三岡《みつおか》八郎（福井）　後藤象二郎（土佐）
福岡藤次（土佐）　坂本龍馬（土佐）

倒幕に功績のあった諸藩の代表者や志士たちが、ほぼもれなく列挙されたみごとな職制案である。朝廷側と諸侯側とのバランスもよく、それに徳川慶喜の名が重要なポストで入っているのも注目される。龍馬の意志が反映されたものだろう。

しかし、この職制案のなかで一つだけ龍馬の意志に反する部分があった。それは龍馬自身の名が、参議として記載されていることだった。これはおそらく戸田雅楽の意向だったのだろうが、龍馬には入閣する気はなかったため、この部分は削除されることになった。

数日後、完成した職制案を西郷吉之助が目にする機会があり、当然のことながら、案中に龍馬の名がないことに話題がおよんだ。理由を西郷が尋ねると、龍馬はこう答えたという。

「おれは役人がきらいなのだ。時刻どおりに家を出て、時刻どおりに帰宅するなどというのは、おれには耐えられないことだ」

これを聞いた西郷が、「では、官職につかずに何をなさる」と重ねて問うと、龍馬は少しとぼけたようすで、こういった。

「そうだな。世界の海援隊でもやるかな――」

狭い日本で役人などをつとめているよりも、世界を相手に大きな仕事をしてみたい。西郷の理解をはるかに超える、龍馬のスケールの大きさだった。

しかし、運命の刃は非情に振りおろされる。

十一月十五日夜、京都四条河原町の醬油商、近江屋の二階に潜伏していた龍馬を刺客が

今井信郎（1841～1918）
幕臣、見廻組隊士

襲った。同席していた中岡慎太郎ともども刺客の凶刃を浴びた龍馬は、血の海に倒れた。そして、「おれは深く頭をやられた。もういかん」といい残して、息を引き取った。

犯人は幕府見廻組《みまわりぐみ》の今井信郎《いまいのぶお》らと判明したが、見廻組を犯人とするには動機がやや不十分であり、確実なところは現在もなおわかっていない。

ただ一ついえることは、この龍馬の死によって、政治状況が一変し、せっかくなしとげられた無血革命が白紙に戻る可能性があるということだ。あと少し龍馬が生きていたなら、明治新国家も、本当の平和革命として成立していたかもしれず、その意味でも惜しまれてならない龍馬の死であった。

徳川家を無力にした王政復古の大号令

坂本龍馬の暗殺後、薩摩藩の西郷吉之助や大久保一蔵、それに朝廷の岩倉具視は、徳川家の勢力を温存したままでは本当に幕府を倒したことにはならないとして、ついに徳川打倒のために強引な手段に打って出た。

慶応三年（一八六七）十二月九日に決行された、「王政復古の大号令」がそれである。この日の朝、倒幕派の公卿と、薩摩、土佐、芸州、福井、尾張の五藩の代表者が御所に集合し、諸門は藩兵たちに厳重に固めさせた。そうして反対派を排除したうえで、神武以来の天皇中心の国家への復帰が宣言されたのだった。

またこのとき、将軍、京都守護職、京都所司代、摂政、関白といったこれまでの官職を廃止し、新たに総裁、議定《ぎじょう》、参与の三職を制定することも決められた。総裁には有栖川宮が任命され、議定には仁和寺宮ら五人と五藩の代表者、参与には岩倉ら五人と五藩から各三人の藩士が選ばれることになった。

坂本龍馬が新官制擬定書で描いた構想とは、いくぶん顔ぶれが異なっているが、朝廷と諸侯の連立内閣という点では同じ発想によるものだった。また長州藩が加えられていないのは、朝敵の罪を許されたのが、まだこの前日のことであったからだ。

そして、この日の夜、王政復古策の仕上げとして、御所内の「小御所《こごしょ》」に関係者が集められ、会議が行われた。

議題は徳川家の処遇問題で、ここで岩倉が、無勅許による諸外国との条約締結、安政の大獄における志士の処罰、名分のない長州征伐といった、これまでの徳川の失政を並べたて、「慶喜が罪を反省し、自責する心があるならば、すみやかに内大臣の官位を辞退し、四〇〇万石の所領を返上して、その実をしめすべきである」と主張した。

徳川家をまったくの無力にしてしまおうというのだ。これに慶喜がおとなしく従えばよし、仮に拒否したとしても、そのときはそれを口実にして武力討伐を行うことができる。どちらにしても、徳川家は重大な危機に立たされることになるのだった。

ただし、会議の出席者のなかには徳川擁護派の山内容堂がおり、岩倉らのやり口に猛反対した。容堂は、そもそも慶喜本人を会議に参加させていないことを問題とし、今回の王政復古の大号令じたい、一部の者の陰謀にすぎないといいはなった。

容堂の論説は長々と続けられ、その堂々とした主張は、岩倉らをすっかり黙らせてしまったが、次の一言が余計だった。

「このような暴挙をあえてした二、三の公卿は、幼い天皇を擁して権力を盗もうとしているのか」

岩倉はこの失言を聞き逃さなかった。

「待たれよ。幼い天皇とはなにごとか」

天皇に幼いもなにもない。年齢がどうであろうと、天皇の意志とされているものはすべて天皇自身の意志でしかありえず、それに人々が疑問を抱くことは、天皇に対する重大な無礼にあたるのだった。

容堂もその点に気づき、これ以上、発言を続けることはできなくなってしまった。意気消沈した容堂は、以後、まったく口を閉ざし、慶喜を擁護する者は誰もいなくなった。

岩倉の一世一代の逆転打であった。結局、会議は岩倉側の主張が通り、慶喜に辞官、納地を求めることが承認された。西郷、大久保、そして岩倉のもくろみはみごとに成功したのである。

翌朝、議決内容が二条城の慶喜のもとにもたらされた。そこで慶喜は、自分の大政奉還の決断が失敗であったことを思い知らされた。

とはいえ、辞官のほうはともかく、納地の要求には応えるわけにはいかなかった。それをすれば、二万人を超す徳川の家臣とその家族が路頭に迷ってしまうからだ。

進退に困った慶喜は、十二日に兵を率いて京都を離れ、大坂城に移った。そこを拠点として事態の推移を見守ろうとしたのだ。

しかし、なんとしても開戦の方向にもっていきたい薩摩は、今度は慶喜を挑発する作戦に出た。その作戦とは、慶喜不在の江戸で、浪士たちを雇い、薩摩を名乗って市中で暴行を働かせることだった。

岩倉具視（1825〜1883）
公卿（港区立港郷土資料館蔵）

相楽総三《さがらそうぞう》を中心とするこの浪士たちは、薩摩御用盗《ごようとう》と呼ばれ、三田の薩摩藩邸にたむろして悪事を繰り返した。これに我慢しきれなくなった幕府側の庄内藩兵らは、十二月二十五日、薩摩藩邸を焼き打ちして報復した。

薩摩側の挑発が成功し、江戸は早くも戦闘状態となったのだった。

この知らせに接した大坂の慶喜は、もはや開戦もやむなしと決意を固め、京都を牛耳る薩摩を討伐することを宣言した。そして、王政復古の大号令以後の混乱は薩摩の陰謀であるとする「討薩《とうさつ》の表」をしたため、これを京都の朝廷に提出しようと数千の大軍を出発させた。

慶応四年（一八六八）一月二日、やがて明治と改元される年の初めのことだった。

［第四章］

戊辰の内乱

――旧幕府軍の抗戦

鳥羽伏見の戦い、戊辰戦争はじまる

慶応四年（一八六八）一月三日、ついに旧幕府軍と新政府軍が、京都の南の鳥羽《とば》と伏見で武力衝突した。

この鳥羽伏見の戦いを皮切りに、以後、一年半にわたって繰り広げられた内乱を戊辰《ぼしん》戦争という。平和革命をめざした坂本龍馬の願いもむなしく、日本は新時代を迎えるために多くの血を流すことになったのである。

平和革命の相手役であったはずの徳川慶喜にとっても、戦争を回避できなかったことは不本意だった。慶喜は、最終段階にいたるまで戦争の意志はなく、側近の板倉勝静から開戦の決断を迫られたときも、こう答えている。

「敵を知り、己を知れば百戦あやうからずという言葉がある。今日でも大事な格言である。ちなみに聞こう。譜代、旗本のなかに、西郷吉之助に匹敵すべき人材はあるか」

問われた板倉は、しばらく考えたすえ、「そのような者はおりません」と答えた。

すると慶喜は続けて尋ねた。

「ならば大久保一蔵に匹敵すべき者はあるか」

これにも板倉はいないと答えた。さらに慶喜は、薩摩藩の名のある者数人をあげて、「これらの人々に匹敵する者はどうか」と尋ねたので、板倉はいちいち、「そのような者はおりません」と答えるしかなかった。

これを聞いた慶喜は、いった。

「このように人材の乏しいこちらが、薩摩と開戦しても、どうして勝てるはずがあろうか。結局、いたずらに朝敵の汚名をこうむって祖先をはずかしめるだけであるから、決して戦争を主張すべきではない」

まったく戦意のない慶喜であったが、江戸における薩摩の挑発行為が報じられると、大坂城内の幕臣や会津、桑名の藩兵たちは憤激した。もはやその勢いは、慶喜にも止めることはできず、ついに討薩の表を持たせた軍勢を進発させるにいたったのだった。

大坂城の総兵力一万五〇〇〇のうち、正確にはどれだけの兵が出陣したのかは不明だが、少なくとも数千の軍勢が鳥羽方面と伏見方面の二手に分かれて北上した。

そして三日夕刻、鳥羽の関門を守備していた薩摩兵が、関門を通過しようとした旧幕府軍に向けて一発の砲弾を放ったことで、戦闘の火ぶたが切られた。続いて伏見奉行所に布陣していた新選組らの旧幕府軍と、御香宮《ごこうのみや》神社の薩摩軍が開戦となり、戦争の初日は二か所での激戦が展開されることになった。

ちなみに、新政府軍の兵力は薩摩を中心とする五〇〇〇ほどで、旧幕府軍の総兵力の三分の一でしかなかった。兵力的には旧幕府軍が圧倒的に有利であったわけだが、全兵力を出兵させたわけではなく、また、大砲や鉄砲の数や性能の面において遅れをとっていたため、旧幕府軍は初日の戦いに苦戦をしいられた。

そして、戦況を決定づける出来事が、翌四日に起こった。新政府軍から征討大将軍に任じられて出陣した仁和寺宮の陣中に、「錦《にしき》の御旗《みはた》（錦旗《きんき》）」が立てられたのだ。

錦旗は、昔から官軍（朝廷方の軍隊）の証拠として使われてきたしるしで、とくに軍記物語『太平記』のなかには後醍醐《ごだいご》天皇の正統性をしめす象徴として、しばしば登場する。同書は、武士階級の必読書であったから、実物を見たことはなくても、錦旗がどういった意味をもつのかは兵士たちはみな知っていた。

この錦旗の効果は絶大だった。新政府軍は正式に「官軍」と認められたことになり、兵士たちの士気は高まった。逆に旧幕府軍は「賊軍」ということになり、戦意を消失する者が続出した。

本来ならば、官軍、賊軍の区別は、新政府が天皇を擁して王政復古をなしとげたときにすでに決まっていたことであり、いまになって旗の有無で決まることではないのだが、戦況は一気に新政府軍の優勢にかたむいた。それまで、どちらにつくか態度を決めかねていた諸藩が、みな賊軍となることを恐れ、新政府軍の傘下に入ったのだった。

五日には、春日局以来の譜代藩である淀藩が態度を硬化し、旧幕府軍の入城を拒否した。さらに翌日、伊勢の津藩が突然寝返り、味方であったはずの旧幕府軍を攻撃した。こうした事態に抗しきれず、同日、旧幕府全軍は大坂に向けて撤退ということに決した。

松平定敬（1846～1908）
桑名藩主、京都所司代

錦旗が登場したことは、大坂城で戦況を見守る慶喜をも愕然とさせた。

「朝廷に対して刃向かう意志は露ほ

どもなかったのに、誤って賊名を負うことになったのは残念だ。最初、たとえ家臣の刃に倒れることになっても、命のかぎり会津や桑名をさとして帰国させていれば、このような事態にはならなかったのに、自分の命令をきかないのに腹を立て、どのようにも勝手にせよといってしまったことは一生の不覚だった」

これは、あとになっての発言であるから、ややご都合主義のようでもある。しかし、慶喜の評価を決定的に落としたのは、この直後のことだった。

なんと慶喜は、まだ兵士たちが戦場で戦っている最中に、軍艦に乗って江戸へ逃げ帰ってしまったのだ。

六日夜にひそかに大坂城を出た慶喜は、松平容保、松平定敬、板倉勝静ら数人のお供だけをしたがえて、軍艦開陽に乗り込み、八日夜に天保山《てんぽうざん》沖を出航した。あとからこのことを知った兵士たちは、愕然とさせられた。

兵士たちが命がけで戦っているというのに、大将が一人で逃げてしまうなどとは前代未聞の背信行為である。慶喜という人の歴史的評価は、この件をもって決定したといっていいだろう。

江戸無血開城の快挙成る

鳥羽伏見の戦いの最中に江戸へ逃げ帰った徳川慶喜は、新政府軍に対してひたすら恭順の姿勢をとり続けた。慶応四年（一八六八）二月十二日には上野の寛永寺に入り、みずから謹慎の身となった。

一方、京都、大坂を制圧した新政府軍は、徳川家の拠点である江戸を攻略するため、有栖川宮熾仁親王を総督とする東征大総督府を編成した。全軍は三つに分けられ、東海道、東山道、北陸道の三方向から進軍し、江戸に攻め込むことになった。

すでに西国諸藩は、みな「官軍」の威光に屈して恭順しているから、進軍にはほとんど障害もなく、三月中旬には東海道軍が品川に、東山道軍が板橋に到着する。そして十五日に江戸城総攻撃が行われることが決定した。

新政府軍の目的は、徳川家を倒すことによって、その莫大な所領を手に入れることにあった。だから、たとえ慶喜が謹慎の姿勢をとっていても、所領を放棄しないかぎり、攻撃をやめるわけにはいかなかったのだ。

この徳川家の窮地にあたり、慶喜が最後の望みをたくしたのが勝海舟だった。新たに陸軍総裁（のち軍事取扱）に任命された海舟は、慶喜の生命を守り、徳川家を存続させるという重大な任務をまかされることになった。さすがの海舟にも、この情勢下でこれらの任務をまっとうするのは、きわめて困難なことだったが、もはやほかに人材はいなかったのだ。

ともかく海舟は、新政府軍の参謀となっている西郷吉之助に使者を送り、江戸総攻撃の前に会談をもちたいと申し入れた。

このとき西郷が新政府軍の重職についていたことは、海舟にとっては運がよかった。西郷とは初対面のとき以来、立場を越えた同志的感情を抱きあっており、交渉の相手としては最適の人物だった。とはいえ、はっきりと敵味方に分かれたいまでは、西郷としても感情に流された行動をとることはできず、交渉の行方は予断を許さなかった。

そこで海舟は、交渉が決裂したときのための奥の手を考えておいた。それは、新政府軍が江戸に進攻すると同時に、市中に火をはなち、敵の進路と退路を寸断するという作戦だった。

「これは昔、ロシア都下においてナポレオンを苦しめた作戦だ」と海舟が書き残しているように、一八一二年、フランス皇帝ナポレオンがロシアのモスクワに進攻したとき、ロシア軍がこの手を使ってナポレオン軍を撃退したという。それを海舟は江戸で再現しようというのだ。

市中に放火する役目は、浅草の新門辰五郎らの鳶《とび》職や博徒に直接頼んでまわった。

「きさまらの顔をみこんで頼むことがある。しかし、きさまらは金の力やお上の威光で動く者ではないから、この勝が自分でわざわざやってきた」

こう海舟がいうと、町のならず者たちは、「へえ、わかりました。この顔がご入用なら、いつでもご用にたてます」といって、みな快諾した。こうした階層の者たちとも、ふだんから付き合いのあった海舟ならではのなせるわざだった。

江戸開城談判／結城素明・画
（聖徳記念絵画館蔵）

この逸話からもわかるように、海舟は新政府軍に対する脅しではなく、本気で江戸焦土作戦を考えていた。そんな覚悟があるかどうかが、交渉の場では大きくものをいう。はたして三月十三、十四の両日、三田の薩摩藩邸で行われた西郷との会談では、この捨て身の覚悟が実をむすんだ。

あるいは、史料の上では確認できないが、焦土作戦のことを口に出したのかもしれなかった。いずれにしても、覚悟に裏打ちされた気迫に圧倒されたかのように、西郷は海舟の要望を受け入れたのである。

交渉の結果、双方の間にかわされた条件は、次のようなものだった。

一、慶喜は隠居の上、水戸で謹慎すること
二、江戸城を明け渡し、尾張徳川家の預かりとすること
三、軍艦や武器はすべて新政府軍に引き渡し、後日、徳川家の処分が決まったのちに相当分だけ返すこと
四、江戸城内に住む幕臣たちは城外に出て謹慎すること
五、これまで新政府軍に抵抗した者たちについては、寛大な処置を行うこと
六、今後、新政府軍に抵抗する者があれば、徳川家が鎮圧し、手に負えなければ新政

府軍が討伐すること

こうした条件をのんだうえで、江戸城総攻撃は中止され、慶喜の生命の保証、徳川家の存続については基本的に了承された。一応、東征大総督府の許可を得る必要があったが、西郷は、「いろいろむずかしい議論もありましょうが、私一身にかけてお引き受けします」といって胸をたたき、海舟を安心させた。

歴史に残る江戸無血開城の快挙は、こうして達成された。交渉にあたったのが海舟という肝のすわった人物でなかったら、また相手方が西郷という器量の大きな人物でなかったら、こうはうまくいかなかったであろうことはいうまでもない。

旧幕府軍の徹底抗戦

勝海舟の尽力によって、徳川家の存続は決まったが、旧幕府軍のなかにはそれに納得せず、徹底抗戦を叫ぶ者たちもあった。

その代表的存在が、新選組である。

新選組は、文久三年（一八六三）の結成以来、徳川方の特別警察隊として京都の治安を守っていたが、王政復古が行われたことによって、一気に存在意義を失った。続いて勃発した鳥羽伏見の戦いでも惨敗を喫し、一五〇人の隊士のうち二十余人が戦死をとげることになった。

江戸に敗走後、副長の土方歳三は、「これからの武器は鉄砲でなければだめだ。おれは剣と槍をとって戦ったが、まったく役に立たなかった」と述懐している。すでに時代は近代戦争に突入しており、新選組流の白兵戦は時代遅れとなっていたのだ。

そこで土方は、羽織、袴を捨てて、西洋の軍服を購入した。総髪のまげも切り落とし、ざんぎり頭となった。これからの戦いにそなえて、みずから近代戦争の指揮官へと変身をとげたのだ。

しかし、新選組そのものを様式化するのには、やはり時間がたりなかった。甲陽鎮撫隊《こうようちんぶたい》を編成して出陣した三月六日の甲州勝沼の戦いでは、またしても惨敗をとげ、隊はばらばらになって江戸に退却した。

負けが続くと不協和音も出はじめ、江戸の試衛館道場以来の永倉新八や原田左之助が、近藤勇を見限って隊を去って行った。すでに沖田総司も結核が悪化して戦列を離れており、わずかに斎藤《さいとう》一《はじめ》が残ってはいたものの、新選組に京都を制覇したころの面影はなかった。

斎藤一（1844～1915）新選組隊士
（福島県立博物館蔵）

このころのことを、永倉は「新選組の瓦解」と手記に書いている。隊は壊滅したわけではなく、このあとも存続して戊辰戦争を戦うのだが、往年の規律が存在せず、有力隊士が軒並み離隊したいま、実質的には永倉のいうように隊は瓦解していたのかもしれない。

そして、再起を期して下総流山《ながれやま》に布陣した新選組を、四月三日、新政府軍が完全包囲した。たまたま隊士たちのほとんどは軍事演習のために遠方に出払っており、本陣に残っていたのは、近藤、土方のほか数人だけだった。絶体絶命の事態に、近藤はすべてをあきらめ、いさぎよく自刃することを決意する。しかし、土方が反対し、

「ここで割腹するのは犬死にだ。運を天にまかせて板橋の総督府へ出頭してくれ」

といって近藤を説得した。新選組の近藤という正体を隠して投降させようというのだ。これを了承した近藤が、単身、総督府に投降したことで、ほかの隊士たちは現場を脱出することができた。

土方にしてみれば、この盟友をむざむざ死なせるにしのびず、たとえわずかの可能性であっても、それに賭けてみようとしたのだろう。あの池田屋事件をはじめ、これまで何度も修羅場をくぐり抜けてきた近藤であった。

しかし、すでにその運も尽き果てていた。新政府軍にとって誰よりも憎い、新選組の近藤であることが、すぐに発覚したのである。処分も死罪と決定したばかりか、武士として

切腹することも許されない、断首に処せられることになった。

ただし、近藤自身は、投降するとき、すでに覚悟を決めていた。その証拠に、捕縛された翌日には辞世の漢詩を詠み、付き添いの隊士野村利三郎に預けている。

辞世を一部意訳すれば、このようになる。

「義のために命を捨てるのは私の尊ぶところである。こころよく三尺の剣を受けよう。ただ一死をもって徳川家の恩に報いるのだ」

四月二十五日、板橋の刑場で刑は執行された。享年三十五。時勢の激流は、近藤の義も誠も、無情に押し流していったのだった。

上野戦争、彰義隊惨敗する

慶応四年（一八六八）四月十一日、江戸城は開城となり、徳川慶喜は城を出て、水戸に隠退した。幕臣たちの多くはこれにしたがい、慶喜の道中を警護しながら水戸に入った。しかし、この日、一部の幕臣たちは江戸を脱走し、新政府軍に抵抗する姿勢をみせていた。

まず旧幕府の歩兵奉行であった大鳥圭介が、フランス式の調練を受けた伝習隊を率いて市川国府台《こうのだい》におもむいた。ここには新選組残党の土方歳三をはじめ、旧幕府勢力が続々と集結し、総勢二〇〇〇人を数える大軍が編成されていた。

大鳥を総督、土方を参謀としたこの旧幕府脱走陸軍は、宇都宮、日光と転戦しながら北上を続け、やがて奥州の会津に到達する。

一方、旧幕府海軍のほうも、新政府軍に軍艦をすべて差し出すという条件をよしとせず、品川から安房《あわ》館山に軍艦八隻を回航させていた。そのころ海軍の実権を握っていたのは海軍副総裁の榎本武揚《えのもとたけあき》で、上司にあたる勝海舟の命令を聞き入れようとしなかったのだ。

平和裏に終戦処理をなしとげたはずの海舟にとって、これら血の気の多い旧幕臣たちの行動は悩みの種だったが、なかでも最大の問題は彰義隊《しょうぎたい》の存在だった。

彰義隊は、この二月、徳川慶喜の身辺を守るために旧一橋家の家臣を中心に結成されたものだったが、新政府軍に抵抗しようとする旧幕臣たちが次々と参加し、五〇〇〇人を超す勢力となっていた。頭取として隊をまとめていたのは、天野八郎という旧幕臣である。

大鳥圭介（1833～1911）
幕臣、箱館政府陸軍奉行

しかも、これに旧幕臣竹中重固《たけなかしげかた》率いる純忠隊、関宿《せきやど》藩を脱走した万字《まんじ》隊、高田藩脱走の神木《しんぼく》隊といった諸隊が合流し、総勢は一五〇〇〇人にふくれあがっていた。それらがみな上野の寛永寺にたてこもり、旧幕府の意地をみせようと気勢をあげるのだった。

徳川家に対する正式な処分は、恭順の実績をみて決定されることになっていたから、彰義隊が上野にこもって抵抗の姿勢をみせていることは、海舟を困らせた。

海舟の使者として山岡鉄舟《やまおかてっしゅう》が送られ、説得に尽くしたものの、まったく功を奏することはなかった。そのため、ついに新政府軍が討伐に乗り出すことになったのである。

このとき東征大総督府から新たに送り込まれた指揮官は、長州藩の大村益次郎であった。長州の軍制改革を一手に担い、第二次長州征伐戦争の際には天才的な采配ぶりをみせた大村に、彰義隊攻略がゆだねられたのだった。

有栖川宮総督の命を受けた大村は、「私にお申しつけになったうえは、誰にもくちばしを入れさせません。もし外からかれこれいわれるようなら、お受けはいたしません」と条件付きで応諾した。

そして、いよいよ上野を攻撃する前日になり、大村は自分で決めた戦闘配置を発表した。この軍議には西郷吉之助も同席していたが、大村の書いた配置図を見て驚いた。

それによれば、激戦が予想される正面の黒門口に、薩摩兵ばかりが配置されていたのだ。西郷は、「朝廷の思し召しでは、薩摩の兵を皆殺しになさるおつもりでございますか」

といい、大きな目をむいて満座をにらみつけた。

この険悪な雰囲気に有栖川宮はとまどったが、やがて大村が口を開き、こういった。

「西郷さん、朝廷の思し召しでは、薩摩の兵を皆殺しになさるばかりか、西郷吉之助の命も申し受けられるおつもりであるから、さようご承知ください」

大村にしてみれば、強兵の薩摩を激戦地に配置するのは戦略上当然のことだった。戦争に勝利するためには、決して私情をはさまない。大村という人物は、西郷とはまったく違ったタイプの指揮官だった。

きっぱりとはねつけられた西郷は、「はっ、さようでございますか。恐れ入りました」といって引き下がるしかなかった。

五月十五日に決行された上野総攻撃では、この大村の実力がさらに発揮された。そのため、早朝から始まった戦争は、午後四時ごろには早くも決着がついていた。

特にものをいったのは、新政府軍傘下の佐賀藩がもっていた最新兵器のアームストロング砲二門で、これが信じられないような遠距離から何発も打ち込まれると、彰義隊の者たちは狼狽するばかりだった。

このアームストロング砲をはじめ、新政府軍の兵器は最新式を誇っており、それに対して彰義隊のほうは旧態依然とした軍備にとどまっていた。加えて、新政府軍が大村のような有能な指揮官による戦略構想のもとに動いていたのにくらべ、彰義隊側はいわば烏合《うごう》の衆で、軍隊としての統制がとれていなかった。

これでは、彰義隊が一日ともたずに惨敗をとげたのもやむをえないことだった。

頭取の天野八郎は、この日は脱出に成功したものの、後日、捕らえられ、獄中で病死した。彰義隊の「彰義」とは、正義を明らかにすることを意味するが、その心意気だけでは勝利を得ることはできなかったのである。

伊庭八郎と人見勝太郎の意地

江戸開城に反対して安房館山に脱走した旧幕府艦隊のなかに、遊撃隊という三十余人の一団が加わっていた。

伊庭八郎（1844～1869）
幕臣、遊撃隊隊長

この遊撃隊は、一四代将軍家茂の親衛隊である「奥詰《おくづめ》」が前身で、講《こう》武所《ぶしょ》から選ばれた剣槍の達人によって組織されていた。それが、慶応二年（一八六六）の軍制改革によって遊撃隊へと改編されたものである。

慶応四年（一八六八）一月の鳥羽伏見の戦いに敗れたあと、江戸で徳川慶喜を警護する任務につき、慶喜が水戸に隠退することになると、大半の遊撃隊士はそれに同行して水戸に去った。

しかし、一部の者は新政府軍に屈服することに不満を抱き、さらなる抗戦を叫んで隊を脱走した。その中心となっていたのが、伊庭《いば》八郎《はちろう》と人見《ひとみ》勝太郎《かつたろう》の二人だった。

伊庭八郎は、江戸下谷御徒町《おかちまち》に心形刀流《しんぎょうとうりゅう》の道場を開く幕臣伊庭軍兵衛の長男で、「伊庭の麒麟児《きりんじ》」と呼ばれるほどの剣客だった。人見勝太郎のほうは、京都在住の幕臣人見勝之丞の長男で、剣は西岡是心流《にしおかぜしん》を学んだ。

二人は、伊庭が二十五歳、人見が二十六歳と同年配であり、徳川家の勢力を回復しようとする忠誠心と、血気盛んな性格が共鳴し合ったことから、盟友として行動をともにするようになった。

そして、彼らに率いられた遊撃隊士三十余人は、旧幕府海軍副総裁の榎本武揚と同盟を結び、四月十一日、軍艦に乗って安房館山まで脱走したのである。

しかし、そこに軍事取扱の勝海舟がやってきて、新政府軍へ軍艦を引き渡すことを榎本に説いた。その結果、榎本は、徳川家の処分が決まるまではやむをえないとして、海舟の説得を受け入れ、軍艦八隻のうち四隻を引き渡すことを決意した。脱走も中止し、艦隊を品川沖に回航させることにした。

この榎本の弱腰に、伊庭と人見は猛反対したが、榎本の決心は変わらなかったため、遊撃隊は榎本艦隊と別行動をとることになった。

四月二十八日、船を降りて木更津《きさらづ》に上陸した伊庭と人見は、その足で請西《じようざい》藩の陣屋を訪れた。同藩の藩主林忠崇《はやしただたか》は、まだ家督を継いだばかりの二十歳の若者だったが、新政府に抵抗の姿勢をみせていた。この林に協力を依頼しようというのだ。

すると、林は、陣屋にやってきた二人を一目見て気に入り、遊撃隊との同盟を約束した。林がのちに語った談話では、

「伊庭は義勇の人、人見は智勇の人。二人とも立派な人物だと思ったから、これにおっかぶさったのだ」

とある。わずか三十余人の遊撃隊に手を貸そうというのだから、よほど林の心をつかむ何かが伊庭と人見にはあったのだろう。

遊撃隊と請西藩兵を合わせて百余

人見勝太郎（1843～1922）
幕臣、遊撃隊隊長
（函館市中央図書館蔵）

人の軍勢は、やがて二百余人にまで増加し、いよいよ、かねてから考えていた作戦に打って出ることになった。それは軍艦で西に向かい、相模小田原藩や伊豆韮山《にらやま》の江川太郎左衛門と手をむすび、江戸に進攻している新政府軍の背後を突こうというものだった。

これが成功すれば、新政府軍の勢力は東西に分断され、江戸に孤立した東征大総督府は全滅せざるをえなくなる。徳川の劣勢を一気に挽回できる画期的な作戦だった。

しかし、結果的には小田原藩にも江川家にも協力を断られ、伊庭と人見の望みはついえ去った。それどころか、江戸の東征大総督府から討伐のための軍勢が送られ、五月二十六日、箱根山崎で遊撃隊と激突する。

運の悪いことに、この直前に人見が、品川沖の榎本艦隊に応援を依頼するために江戸へ向かっていた。新政府軍の到着は予想以上に早く、人見が箱根を留守にしている間に、戦闘が行われてしまったのだ。

あとに残った伊庭は奮戦したが、この日、三枚橋《さんまいばし》付近の戦闘で、左腕を切断される重傷を負ってしまう。それでも、伊庭の尋常でないところは、左腕を斬られながらも、残る右手の大刀で相手を斬り倒したということだ。

「高橋藤太郎という者が、伊庭が腰に弾丸を受けて弱ったところを、うしろからきて斬りつけ、左の手首を斬って落としたのだ。伊庭は、右手でその者を斬り殺した」

林忠崇もこのように語っている。さらに、伊庭の弟の想太郎《そうたろう》は、「兄の八郎が敵に斬られながら、その敵を斬り倒しましたときに、刀勢が余って岩を斬ったそうです」と証言している。なんとも凄まじい戦いぶりであった。

人見が江戸から戻ってきたのは、その翌日のことだった。熱海で盟友と再会した伊庭は、涙を流しながらこう語った。

「君のいない間に新政府軍が小田原藩を先鋒として襲来した。おれは苦戦したが、そのかいもなく、多くの同志を失ってしまい面目がない」

これに対して人見は、

「前途はまだひらけている。おれに考えがある。それに君を静養させる方法もある。傷のなおるのをまって、ともに戦おう。決して悲観するなよ」

といって伊庭をなぐさめるのだった。

敗走の遊撃隊は、五月二十八日に江戸湾に帰着し、人見と林に率いられた本隊は、このあと海路北上して奥州の戦いに参戦する。

品川沖で本隊と別れた伊庭は、病院船の朝日丸で榎本艦隊の医師による傷口の治療を受

けることになったが、医師が手術のために麻酔をかけようとしても、

「他人が自分の骨を削ろうとしているのに、眠ってなどいられるか」

といって拒否した。それで麻酔なしで手術し、終わるまで顔色一つ変えなかったというのだから、なんとも気丈な男であった。

このあとも伊庭は、不自由な身で戊辰戦争に身を投じ、幕臣としての意地を貫きとおすことになる。

奥羽越列藩同盟、瓦解する

会津藩主であった松平容保は、徳川慶喜にしたがって江戸に引き上げたあと、国許の会津で恭順の姿勢を見せていた。

しかし、会津といえば、旧幕時代に佐幕派の先鋒として行動し、倒幕派に対する弾圧を積極的に行った藩だった。しかも、その配下には新選組を抱え、倒幕派の志士をさんざんに苦しめた。

その会津が、いまさら恭順したところで、新政府としては簡単に許すわけにはいかなかった。そこで、新たに奥羽鎮撫総督府が編成され、総督に九条道孝（公卿）、参謀に世良《せら》修蔵《しゅうぞう》（長州）、大山格之助（薩摩）が任命されて奥羽に派遣された。

仙台に着いた総督府は、仙台藩と米沢藩に会津の討伐を命じたが、両藩は逆に、会津の処分軽減を願う嘆願書を総督府に提出する。これは、会津領土の削封と、重役三人の死罪という条件のかわりに、藩主容保の生命だけは助けてほしいという内容だった。

しかし、参謀の世良修蔵は、松平容保の死罪という一点を決して譲ろうとはせず、嘆願をはねつけた。

この世良は、長州奇兵隊の出身で、第二奇兵隊ができたときには軍監をつとめたほどの人物だったが、性格的に傲慢なところがあり、奥羽の諸藩士の反感をかっていた。

しかも、総督府の強硬な態度は世良個人の意志によって決められているようなところがあり、諸藩士の間では世良を誅殺すべしとの気運が高まっていた。

慶応四年（一八六八）閏四月十九日、世良から大山格之助にあてた手紙を、仙台藩士瀬《せの》上《うえ》主膳がひそかに入手した。開封してみると、文面には、「弱国二藩は恐るるにたらないが、会津が加わるとやっかいになる」などと書かれていた。

弱国二藩とは、仙台と米沢のことである。これに激昂した瀬上は、もう許してはおけないと、仙台、米沢藩士らによる刺客団を組織し、その夜遅く世良の宿を襲撃した。

女と寝ていた世良は、とっさに宿の二階から飛び降りたが、頭を強く打ち、あえなく捕らえられた。そのまま近くの河原まで引き立てられ、「辞世の歌を」という最後の願いも聞き入れられず、首を落とされたのだった。

事実上、この世良の暗殺をきっかけにして、会津戦争の幕が切って落とされたといって

世良修蔵（1835～1868）長州藩士
（写真提供：財団法人 僧月性顕彰会）

いい。それまで迷っていた奥羽諸藩の藩論も、かえってこれでまとまった。いずれも新政府への徹底抗戦に踏み切ったのだ。

そして、諸藩の間で、新政府軍に対抗するための軍事同盟が結ばれることになり、五月三日、仙台城下に、米沢、盛岡、秋田、弘前、二本松など二五藩の代表者が集まって同盟が締結された。

数日後には越後の六藩も加盟し、ここに合計三一藩による奥羽越《おううえつ》列藩同盟が成立したのである。

この同盟は、江戸で彰義隊の戦いに参加していた輪王寺宮《りんのうじのみや》公現法親王《こうげんほっしんのう》が会津に到着すると、さらに遠大な計画となって発展した。明治天皇の叔父にあたるこの輪王寺宮を同盟の盟主にいただき、明治新政府に対抗する政権の樹立が計画されたのだった。

計画では輪王寺宮は東の天皇である「東武皇帝」となり、六月十五日に即位すると、元号も「大政元年」と改元されることになった。国内に天皇が二人存在し、政権が二つ樹立される、まさしく南北朝時代の再来を思わせるような事態だった。

ただし、実際には、この東日本政府は構想だけに終わり、日の目をみることはなかった。母体となった奥羽越列藩同盟そのものが結束力に欠け、とても新政権をつくれるような基盤がなかったからだ。

結局、このあと会津戦争が激化するなかで、列藩同盟からは脱落者が続出し、有名無実の同盟となっていく。戊辰戦争のさなかに一瞬だけ浮上した東日本政府も、こうしてまぼろしの政権として霧消したのである。

北越戦争、河井継之助の秘策

戊辰戦争においては幾多の英雄が登場したが、越後長岡藩の河井継之助《かわいつぎのすけ》もその一人ということができるだろう。

河井は、旧幕時代から藩家老として軍制改革を進め、フランス式の軍事訓練を藩士たちに受けさせていた。さらに、慶応四年（一八六八）一月に鳥羽伏見の戦いが起こると、新政府軍に対抗しうる軍事力を得るため、横浜の外国商人ファーブル・ブラントやスネル兄弟から大量の武器を購入した。

とくに、日本に三台しか輸入されていないガトリング機関砲を、二台も買い入れたことは特筆される。これは、ハンドルを手で回転させることによって、一分間に二〇〇発もの弾丸が発射できる最新鋭兵器だった。

ただし河井は、この武力を戦争に積極的にもちいるつもりはなかった。

河井は、戊辰戦争にのぞんだ諸藩のなかでも例をみない独特の考えをもっていた。それは、「武装中立」というものだった。

河井にしてみれば、今回の旧幕府軍と新政府軍の争いは、いわば私闘に過ぎず、それに巻き込まれては迷惑だという意識があった。だから、どちらの陣営にも属さない中立の立場を貫き、そのうえで両軍の間をとりもって、無用の内戦を回避させようとしたのだ。

むろん中立など、そう簡単に新政府が許すわけはなかったが、河井には軍制改革と近代兵器で強化した自慢の軍隊がある。それを盾にすれば、新政府軍も容易に手が出すことができないはずだった。

こうした長岡藩の態度を問題視した新政府は、四月十九日、北陸道鎮撫総督軍を編成し、黒田了介《くろだりようすけ》（清隆《きよたか》・薩摩）と山県狂介（有朋・長州）を参謀として、北越方面に派遣した。

これに対して河井は、長岡藩の中立を認めさせるため、新政府軍に会談を申し入れた。会談は五月二日に小千谷《おじや》の慈眼寺《じげんじ》で行われた。運命の小千谷会談である。新政府側の代表は、北陸道軍の軍監岩村精一郎（土佐）。この会談の席上、河井が嘆願したのは次のような主旨だった。

「わが藩は新政府に手向かうつもりはないが、藩論は分かれて一定していない。さらに会津藩などが強引に同盟を迫ったため、新政府からの出兵や献金の命令に応じることができなかった。今後は、藩論を統一し、かつ会津、桑名、米沢の諸藩に対して新政府に抵抗しないように説得するつもりであるので、いま少し時間の猶予をいただきたい」

あくまでも長岡藩が間に立って、内乱を回避しようというのが河井の願いだった。

しかし、その願いはむなしく打ち砕かれる。談判相手の岩村が、河井の申し出をまったく受け付けなかったのだ。

河井継之助（1827～1868）
長岡藩家老（長岡市立中央図書館蔵）

岩村は、河井を、これまでに相手にしてきた信州あたりの平凡な家老と同列に考えていた。そのため、嘆願を単なる時間かせぎとしか見ることができず、新政府に恭順するか否かだけを迫ったのだった。

交渉相手が岩村という見識の狭い人物であったことが、長岡藩のその後の運命を決定した。もはや新政府軍と戦うしか道のなくなった河井は、旧幕府陣営に加わることを決意する。

そのころ奥羽諸藩は、軍事同盟を結成して団結していたが、五月初旬、長岡藩は、ほかの越後五藩とともにこれに参加した。合計三一藩による奥羽越列藩同盟の成立である。

戦うと決してからの河井の行動には躊躇《ちゆうちよ》がなかった。五月十三日の朝日山の戦いでは、列藩同盟軍が新政府軍を打ち破り、仮参謀の時山直八（長州）が銃弾を受けて戦死する。松下村塾出身の大物志士の壮烈な最期だった。

その後、いったん長岡城は新政府軍に奪われてしまうが、これを奪回するため、八丁《はつちよう》沖《おき》徒渉《としよう》作戦という奇襲が計画された。城下の八丁沖と呼ばれる沼をひそかに縦断し、一気に長岡城の近くまで近づこうというものだ。

この八丁沖は、大蛇や怪魚が棲むという不気味な沼で、夜間は土地の者も寄り付かないといわれていた。だから、まさかそこを兵が渡ってくるとは考えられないことだったのだ。

七月二十四日深夜、長岡、会津、桑名の同盟軍は、息を殺して八丁沖を進んだ。場所によっては胸まで水につかりながらの渡渉となった。想像を絶する難行軍のすえ、四キロ先の陸地に着くまでには六時間をついやした。

そんな苦労のかいあって、奇襲はみごとに成功した。二十五日朝、敵地に突然あらわれた長岡藩兵らは一気に長岡城下まで攻め込み、山県以下の敵兵を追い払い、念願の長岡城奪還をなしとげたのだった。

しかし、歓喜の入城もつかの間のことだった。いったんは城を追われた新政府軍も、同日、すぐに態勢を立て直して猛攻を仕掛けてきた。そのため、長岡藩兵からはこの日だけで六二人もの戦死者を出し、しかも頼みの河井が負傷した。

松本良順（1832～1907）
幕府典医（港区立港郷土資料館蔵）

河井の負傷は左膝の下を撃たれただけのものだったが、歩行不能となったため、兵の指揮をとることができなくなった。長岡藩を一人で引っ張ってきた河井の負傷は、兵士たちの士気を著しく低下させた。

そして、結局、二十九日に長岡城はふたたび新政府軍の手に落ちてしまう。長岡藩兵は奮戦したが、兵力、武器にまさる新政府軍のために五八人が戦死をとげ、残る兵士たちは城を捨てて会津へ向けて逃亡した。

この日、河井は担架に乗せられ、八十里越《はちじゅうりごえ》の難路を越えて、会津領只見《ただみ》村に入った。

「八十里　腰抜け武士の越す峠」

河井が、身動きのできなくなった自分を嘲笑して詠んだ句である。会津では、旧幕医松本良順《りょうじゅん》の治療を受けたものの、すでに傷口が化膿しており、再起はかなわなかった。

八月十六日、河井は息を引き取った。同時に、長岡藩の武装中立も、はかない夢と終わったのである。

会津戦争と白虎隊の悲劇

会津戦争が激化するなかで、奥羽越列藩同盟の諸藩を次々と打破、降伏させた新政府軍は、ついに会津若松への進攻を決定した。

慶応四年（一八六八）八月二十日、参謀の板垣退助（土佐）、伊地知正治《いちじまさはる》（薩摩）に率いられた新政府軍は、二本松を出発。二十一日には国境の母成峠《ぼなり》で会津側の守備隊を突破し、そのままの勢いで二十三日朝、会津若松へ攻め込んだ。

会津藩では、戦闘要員はほとんど国境の守備に派遣していたため、若松市中はまったくの手薄になっていた。もちろん、こうした危機を迎えたときには、兵士たちは急ぎ若松に戻るはずになっていたが、新政府軍の進軍が予想以上に速く、間に合わなかったのだ。

敵が市中に侵入したことを知らせる早鐘が打ち鳴らされると、藩士の家族の女性や子供は、予定どおり鶴ケ城に入城した。しかし、戦力にもならないのに籠城して食糧を浪費するのはよくないと、入城をしない女性たちも多く、彼女らは、敵の辱めを受けるのを避けるためにみずから死を選んだ。

なかでもとくに痛ましかったのは、家老西郷頼母《たのも》の一族二一人の集団自刃だった。

当時、西郷頼母は恭順論を唱えていたため、抗戦論の藩主松平容保から遠ざけられていた。主人がそんな境遇であったから、一族の女性たちも、なおさら毅然とした行動をとらなくてはならなかったのだろう。

頼母の妻千重《ちえ》（三十四歳）はこのとき、三女の田鶴《たづ》（九歳）をはじめ、常盤《とわ》（四歳）、季《すえ》（二歳）といった幼い娘たちを懐剣で刺し、自分も喉を突いて果てた。

また長女の細布《たえ》（十六歳）、次女の瀑布《たき》（十三歳）は、みずから喉を突いて倒れた。ほかに親類縁者を合わせて二一人が、いさぎよく自刃をとげ、西郷邸の床は鮮血で真っ赤に染まったのだった。

そこに突入してきた川島信行という薩摩藩士が、あまりの惨状に驚いていると、女性の一人にまだ息があることがわかった。長女の細布だった。

細布は、もう目が見えなくなっていたから、川島が何者かわからなかったが、かすかな声で、「お味方ですか、敵ですか――」と尋ねた。川島が、とっさに気をきかせて、「味方だ」と答えると、細布は安心して自分の懐剣を差し出した。

これで、とどめをさしてほしいというのだ。川島は、いわれるままに細布を介錯してやった。会津の女性の気高い精神は、まだ十六歳の少女のなかにも浸透していたのだった。

そして、会津戦争最大の悲劇といわれる白虎隊《びゃっこたい》自刃のエピソードも、会津の年少者の間に、死を恐れない覚悟がいかにできていたかをものがたっている。

会津藩では、新政府軍の襲来にそなえて、軍制改革が行われ、藩士たちが年齢別に四隊に分けられていた。玄武《げんぶ》隊（五十歳以上）、青龍隊（三十六歳〜四十九歳）、朱雀《すざく》隊（十八歳〜三十五歳）、そして白虎隊（十六歳〜十七歳）といった具合だ。この四隊がまた、それぞれ身分別に士中、寄合、足軽の三つに分けられた。

このうち年少者による白虎隊は、正式な戦闘員とはみなされていなかったが、戦争の最終段階になると、人手不足のために出陣が決定された。

八月二十二日に初陣となった士中二番隊の三七人は、戸ノ口原で暴風雨に襲われて隊長日向内記《ひなたないき》とはぐれ、食料補給のないままに一夜を明かし、翌朝、新政府軍と戦闘におよんだ。しかし、兵力にまさる新政府軍にはかなわず、散り散りになって撤退となる。

嚮導《きょうどう》（リーダー）の篠田儀三郎が二〇人ほどの隊士をとりまとめ、とりあえず一同は飯盛山《いいもりやま》を通って鶴ケ城に向かうことになった。入城して、最後の一戦を挑もうというのだ。

永瀬雄次などは銃弾を腰に受ける重傷を負っていたから、山に登るのも苦痛だったが、仲間に助けられてなんとか歩いた。しかし、やっとの思いで山の中腹に出た彼らが見たものは、紅蓮《ぐれん》の炎につつまれた城の姿だった。

少年たちは、がっくりと肩を落とし、しばらくの間、言葉もなくその場にたたずんだ。昨夜から何も食べていないうえ、睡眠もとらずに行軍、戦闘を続けてきた彼らは、この光景を見て一気に気力を失ったのだった。

やがて、篠田が一同に向かっていった。

「殿様のおられる鶴ケ城は、すでに猛火につつまれ、われわれの進むべき道はまた敵にふさがれている。われわれのつとめは、もはやこれまでである。一同いさぎよく自刃して、同志とあの世で再会しよう」

少年たちはこれに同意し、遠く鶴ケ城に向かって手を合わせると、刀を抜いて腹を切り、あるいは喉を突いた。重傷の永瀬は、林八十次《やそじ》と刺し違えようとしたが、すでに力が入らなくなっており、永瀬を刺したあとの林の介錯は野村駒四郎がつとめた。

こうして一七人が次々と倒れ、遅れて現場にやってきた三人の者も、あとを追って自刃した。合計二〇人。飯沼貞吉《いいぬまさだきち》のみは、傷が急所をはずれていたために蘇生し、のちの世に

白虎隊自刃図（白虎隊記念館蔵）

同志たちの最期を語り残すことになる。

実際には、一九人が飯盛山で命を散らせたこのとき、まだ鶴ケ城は燃えておらず、落城したわけではなかった。遠くからの光景であったため、そのように見えただけのことだったのだ。前日からの疲労と空腹も、判断を誤らせる原因となったのだろう。

この日以降、会津藩は籠城戦に入り、一か月後の九月二十二日、ついに力尽きて降伏した。心ならずも賊軍の汚名を着せられ、多くの戦死者を出して敗れた会津だったが、その武士道を貫いた進退のいさぎよさは、私たちの心を打たずにはいられない。

会津の女銃士・山本八重

会津戦争では、一人の女戦士が鶴ケ城に籠もって戦った。藩の砲術師範役・山本覚馬《やまもとかくま》の妹で、二十四歳の山本八重《やえ》である。

八重は、家業の関係で、子どものころから鉄砲や大砲に親しんでおり、いつしか男も顔負けの鉄砲の遣い手として成長をとげた。その腕前が、故郷の会津を守る戦いで遺憾なく発揮されたのだった。

慶応四年（一八六八）八月二十三日、新政府軍の進攻に対して女たちも籠城しようというとき、八重が身にまとったのは弟・三郎《さぶろう》の着物だった。二十二歳の三郎は、鳥羽伏見の戦いで敵弾を受けて戦死しており、遺品として衣服が山本家に届けられていたのだ。

「弟の三郎と申しますのが、その春、山城国鳥羽の戦で討死しましたので、その形見として着物と袴とがつきましたから、私は、弟の敵を取らねばならぬ、私は即ち三郎だという心持ちで、その形見の装束を着て、一は主君のため一は弟のため、命のかぎり戦う決心で

――」籠城したと、のちに八重が語り残している。

着物は袖が血で染まっていたために切り取り、別の布で付け替えた。袴はそのまま三郎の遺品をつけ、刀も三郎のものを差し、脇差代わりの懐剣だけは自分のものを持ったという。上から下まで三郎になりきって、八重は弟の弔い合戦に出たのである。

そして特筆されるのが、このとき八重が持った鉄砲――七連発のスペンサー銃であった。

「わたしは常に七発の元込めの銃を負うておりました。まるで弁慶の七つ道具を負うたように、腰には弾を百発、家から持って出ました。百発撃ってしまうまで命があったらよいと思いまして、百発まで持って参りました――」

山本八重（1845～1932）
会津藩士・山本権八の娘、後の新島八重
（同志社大学提供）

スペンサー銃は、一八六〇年（万延元）にアメリカで開発されたばかりの新式銃で、なんと七発の銃弾が連発できた。弾丸を装填したあと、下部のレバーを開いて戻す操作をし、撃鉄を起こして引き金を引く。この操作を繰り返すことで七連発できる、従来の単発銃とはくらべものにならない画期的な兵器だった。

この新式銃が、会津藩兵に配備されていたというわけではない。藩内には八重のもののほかには一挺もなかった。常に武器や戦法の革新ということを考えていた山本覚馬の妹であったからこそ、所有できた銃だったのである。

ただし、スペンサー銃が藩内に配備されていないということは、専用の銃弾も備えがないということを意味している。それで八重は自宅から弾丸を持って出たのだが、百発以上はさすがに重くて持つことが困難だった。

ならば、この限られた弾数のなかで精一杯自分のできることをやろう。もし弾が尽きれば、そのときは仕方がない。そう八重は心に決めて出陣したのである。

入城後、夕刻になって城内の藩兵たちが敵に夜襲をかけようとしているのを知り、八重も出撃を願い出た。親友の高木時尾《たかぎときお》に髪を短く切ってもらい、いっそう男のような身なりになると、八重は夜襲部隊に加わって大手門から城外に出た。

「門を出て暗闇を進んで行くと敵の姿がちらほら見えたので、それっとばかり斬り込みました。むろん喊声《かんせい》をあげずに勝手次第に斬り込んだので、敵のうろたえ加減は話になりません。わたしも命中のほどはわかりませんが、よほど狙撃をしました」

この日を含め、籠城中、八重は敵を幾度も狙撃したという。美しい会津の山河を蹂躙《じゅうりん》しようとする憎い敵に対して、八重は力の限り戦ったのである。

しかし籠城一か月、健闘した会津軍も力尽き、九月二十二日に降伏開城となった。

明日は城を明け渡さなくてはならないというその夜。月あかりが冴えた午前零時ごろ、八重は感慨を禁じえず、ひとり三の丸を出て、雑物庫の白壁に笄《こうがい》で一首の歌を刻んだ。

明日の夜は何国《いづく》の誰がながむらむ
　なれし御城《みしろ》に残す月かげ

見慣れたお城に差す月影を、明日の夜からはどこの誰がながめるのだろう——。武運つたなく戦に敗れ、城を敵に明け渡すことになった無念の思いがしみじみと伝わってくる。

それでも、会津戦争のさなかにただ一人鉄砲を担いで籠城し、敵に痛撃を食らわせた女銃士・八重。悲惨なことばかり多かった会津戦争のなかで、八重の奮闘ぶりは、数少ない痛快なエピソードとして伝えられているのである。

旧幕府軍、蝦夷地に渡る

榎本武揚は、安政年間に長崎海軍伝習所で学んだあと、文久二年（一八六二）に幕命でオランダに留学し、慶応三年（一八六七）二月に帰国した幕臣だった。

帰国後はその学識を活かして出世をとげ、翌慶応四年一月には海軍副総裁に任じられて、事実上の海軍の責任者となる。

当時、幕府は、開陽、回天、蟠龍《ばんりゅう》、千代田形《ちよだがた》、富士山《ふじやま》、朝陽《ちょうよう》、観光、翔鶴《しょうかく》といった八隻の軍艦を保有しており、これは新政府軍の海軍力を上回る堂々たる艦隊だった。とくに旗艦の開陽は、オランダで製造されたばかりの最新鋭艦で、その存在は新政府側には脅威となっていた。

そのため、江戸開城にあたっては、すべての軍艦を新政府に引き渡すことといった条件が決められていたのだが、榎本が強硬に反対した結果、八隻の半分の四隻が引き渡されることになった。

四隻は、富士山、朝陽、観光、翔鶴といった旧型艦ばかりだったが、海軍力に不安のある新政府軍は、一刻も早く軍艦を手に入れるために、やむなくこれを了承した。

そのころ、榎本の艦隊には、遊撃隊の伊庭八郎らや、奥羽越列藩同盟といった旧幕府勢力が応援を要請していた。しかし、榎本は自重し、なかなかそれには応じなかった。

というのは、江戸開城の時点では、まだ新政府による徳川家の処分が決まっておらず、処分に悪影響をおよぼすような行動は差し控えられたからだ。徳川家の行く末を何よりも重んじた榎本だった。

処分は、慶応四年（一八六八）五月二十四日にようやく発表された。御三卿の一つ、田安家の当主亀之助（徳川家達《いえさと》）を徳川家の当主として、駿府《すんぷ》に七〇万石の所領を与えるというものだ。

しかし、四〇〇万石が七〇万石に削減されてしまっては、旧幕臣の多くが路頭に迷いかねない。榎本は、徳川家の存続が決定したことに安堵しながらも、旧幕臣を救済するために蝦夷地（北海道）の開拓を計画した。

蝦夷地の広大な土地を活用すれば、新政府のふところを痛めることなく、徳川家の者を養うことができる。それならば、新政府も反対しないのではないかと榎本は考え、万一、許可されなかった場合には、武力に訴えてでも蝦夷地の自治は勝ち取るつもりだった。

八月十五日に徳川家達らが駿府移封を無事完了したのを見届けて、榎本は行動を起こした。手元に残った四隻の軍艦に、長鯨《ちょうげい》、美加保《みかほ》、神速、咸臨の四隻の輸送船を加えた艦隊は、十九日に品川沖を出航した。

途中、台風による暴風雨のために美加保と咸臨の二艦を失ってしまうが、このうち咸臨は、かつて勝海舟らが乗り組んで、太平洋を横断したあの船だった。すでに旧型になっていたため動力機関が取り外されており、このときは回天に曳航されていたものの、嵐に耐え切れずに流されてしまったのである。

艦隊は、八月下旬から九月中旬にかけて、仙台の松島湾に入り、そこで榎本は奥羽方面の壊滅的な戦況を知った。もはや本土に身の置き場はなく、予定どおり蝦夷地に渡航するほかに道はなかった。

その間の九月八日には、元号が「明治」とあらためられていた。名実ともに新しい時代が到来しようとしていたのだ。

しかし、仙台に集結していた旧幕府脱走の諸隊は、新政府軍への抗戦をあきらめず、みな榎本艦隊に合流して蝦夷地に渡ることを希望した。主な諸隊は、伝習《でんしゅう》士官隊、伝習歩兵隊、衝鋒《しょうほう》隊、遊撃隊、彰義隊、陸軍隊、額兵《がくへい》隊、一連隊、神木隊、杜陵《とりょう》隊、新選組などで、これらの合流により、榎本軍は海陸合わせて三〇〇〇の勢力を誇ることになった。

彼らは十月二十一日に蝦夷地の鷲《わし》の木《き》浜に上陸すると、蝦夷地における唯一の新政府軍勢力だった松前藩兵を蹴散らし、箱館を攻略した。箱館には、旧幕府が元治元年（一八六四）に竣工した五稜郭《ごりょうかく》という西洋式の城があり、そこが旧幕府軍の本拠地とされた。

さらに、元新選組の土方歳三に率いられた七〇〇の兵が、松前、江差《えさし》といった主要都市を制圧し、蝦夷地は完全に旧幕府軍の手に落ちた。ここまではすべてうまくいっていた。

榎本武揚（1836～1908）
幕臣。箱館政府総裁
（函館市中央図書館蔵）

しかし、十一月十五日、信じられないことが起こった。陸軍の応援のために江差沖に回航していた旗艦開陽が、突然吹き荒れた暴風のために座礁してしまったのだ。

開陽には榎本がみずから乗り組ん

でいたが、自然の猛威の前にはどうすることもできない。乗組員はかろうじて脱出したものの、開陽はそのまま放置せざるをえなかった。

船体は身動きできないまま、毎日少しずつ沈んでいき、ついに二十六日、全体が水中に没した。旧幕府軍の頼みの綱ともいうべき最新鋭艦の開陽は、こうして海の藻屑と消えたのだった。

開陽の遭難については裏話がある。実は、このときの戦況では江差を攻略するのは陸軍だけで十分であり、開陽を送り込む必要はまったくなかった。だから、遊撃隊の人見勝太郎なども、開陽の榎本に向かってこう忠告している。

「わずかな敵を討ちに江差へ出掛けていくのは、にわとりを割くのに牛刀をもちいるようなもので、かえって危険ではないか」

しかし榎本は、鷲の木上陸以来、陸軍のみが活躍して、海軍の出番がなく、海軍兵士の間に不満がつのっていることを憂慮していた。それで、

「気休めのために江差へ連れていき、大砲の二、三発も打たせるつもりだ」

といって出航させたのだった。結果的に、これが命取りになり、旧幕府軍は最後の逆転のチャンスを失ってしまったのである。

箱館戦争、土方歳三戦死する

明治元年（一八六八）十二月、蝦夷地の箱館を本拠として、旧幕府軍による新政権が樹立された。主な閣僚は次のとおりである。

総裁　榎本武揚
副総裁　松平太郎
海軍奉行　荒井郁之助
陸軍奉行　大鳥圭介
陸軍奉行並　土方歳三
箱館奉行　永井玄蕃《げんば》（尚志）
箱館奉行並　中島三郎助
松前奉行　人見勝太郎
江差奉行　松岡四郎次郎《しろうじろう》

開拓奉行　沢太郎左衛門
会計奉行　榎本対馬《つしま》　川村録四郎《ろくしろう》

このうち、箱館奉行並に就任した中島三郎助は、嘉永六年（一八五三）、あのペリー来航のときに浦賀奉行所与力として応対にあたった人物だ。いわば幕末という時代の幕開けに立ち会った中島が、いま時代の幕引き役をつとめようとしているのだから、運命とは不思議なものだった。

また、遊撃隊の人見勝太郎が松前奉行となっているが、この箱館には盟友の伊庭八郎も遅れてやって来ていた。箱根で左腕を失い、苦労をかさねながらも独力で箱館までたどりつき、旧幕府軍に合流したのだった。

新政府軍に対する徹底抗戦の執念だけが、彼らをささえていたのかもしれなかった。総裁の榎本武揚のみは、必ずしも戦争を望んではいなかったが、新政府に提出した独立嘆願書はあっさりと拒絶された。そのため、全軍をあげて戦う以外に道はなくなっていた。

明治二年（一八六九）三月、雪解けを待って新政府軍は北上を開始した。彼らは四月九日に江良《えら》に上陸すると、五稜郭に向けて三方向から進軍した。

『明治太平記』に描かれた
土方ら旧幕府軍（著者蔵）

圧倒的な兵力を誇る新政府軍は、怒濤の進撃を続け、諸所で旧幕府軍の守兵を撃ち破った。二十日には木古内《きこない》で伊庭八郎が被弾し、再起不能の重傷を負っている。

二股口では土方歳三が踏みとどまっていたが、木古内口が敗れたために撤退を余儀なくされた。新政府軍は五稜郭の喉元まで迫り、旧幕府軍の命運は風前の灯火《ともしび》となっていた。

こうした戦況の悪化に、総裁の榎本は玉砕するよりも降伏の道を考えはじめていた。榎本の場合、もともと武闘派ではなかったから、戦況によっては気持ちが降伏にかたむくのもやむをえないことだった。

しかし、新選組出身の土方歳三には降伏などという道はありえなかった。

「おれが近藤勇とともに死ななかったのは、どうしても徳川の汚名を晴らしたいと思ったからだ。もし降伏をして許されでもしたら、あの世の近藤に合わせる顔がない」

土方には、近藤に対して死に遅れたという思いがあった。そのため、近藤を失って以後の土方は、死に場所を求めて戦うようなところがあり、宇都宮、会津、そしてこの箱館と、転戦を続けてきたのだった。

土方はまた、こうもいっていた。

「もともと、このたびの一挙は、三百年の間幕臣を養ってきた幕府が倒れようとしているときに、命をかけて抵抗する者がいないのを恥じてのことだ。とうてい勝算あってのことではない」

土方にとって、この戦いは、もはや勝つための戦いではなく、武士としての節義を貫くためだけの戦いとなっていたのだった。

五月十一日、新政府軍の箱館総攻撃が行われ、土方も一本木関門の付近まで出陣した。馬上で刀を抜きはなち、「退却する者は斬る」といって自軍を叱咤した。

しかし、一発の銃弾が飛来し、土方の腹部に命中した。馬の鞍《くら》から転げ落ちた土方は、一言も発することなく、やがて息絶えた。

徳川家のために最後まで戦い抜き、そして散った。節義に殉じたその生き方に、悔いはなかったに違いない。近藤に遅れること一年、盟友と同じ三十五年の生涯だった。

翌十二日には伊庭八郎が絶命し、十六日には中島三郎助も戦死をとげた。そして十八日、五稜郭は降伏開城する。

箱館戦争は終わりを告げ、旧幕府勢力は制圧された。一年半にわたって続けられた戊辰戦争も、ここに終結したのである。

［第五章］

迷走する明治政府

——新政府の分裂と士族反乱

版籍奉還から廃藩置県へ

旧幕府勢力を完全制圧したとはいっても、それだけで明治維新が完成したわけではなかった。本当の維新国家を成立させるためには、どうしてもなしとげなければならない課題があったのだ。

それは、天皇を中心とする中央集権体制の確立だった。

徳川幕府の打倒は、諸藩連合による武力によってなされたが、倒幕の実現したあとも諸藩はそのまま国許で自治権を有していた。しかし、それでは幕藩時代と実態はなんら変わることがなく、諸藩の頂点に立つ者が徳川家から天皇家に移っただけに過ぎなかった。

こうした地方分権による封建国家が、いざというときにもろいことは、はからずも今回の幕府崩壊によって明らかにされている。つまり、このままでは新政府は幕府の二の舞いとなって衰退することになりかねないのだ。

やはり権力を中央に集中して、中央からの指令のもとに国家が機能するような体制をつくらないかぎり、明治維新を行った意味はなくなってしまうのである。

そこで、新政府執行部の木戸孝允（長州）、大久保利通（薩摩）が考えたのが、「版籍奉還」の実施だった。

「版」とは土地のことで、「籍」とは人民のことをさすが、全国の諸藩から、土地と人民をいったん新政府に返上させ、そのうえであらためて諸藩主に元のように分配する。このとき藩主という名称は廃止して、新政府の行政官である「知藩事《ちはんじ》」として新たに任命するかたちをとるのである。

一見、何も変わっていないように見えるが、藩主の立場が政府直属の行政官となったことにより、政府が諸藩の内政に立ち入ることができるようになる。これは中央集権国家への大きな前進といえるのだった。

明治二年（一八六九）一月十四日、大久保、広沢真臣《ひろさわさねおみ》（長州）、板垣退助（土佐）の三人が京都で会合し、この三藩に肥前佐賀を含めた四藩で版籍奉還の連署上表を行うことを決めた。当時、「薩長土肥」と呼ばれていた維新政府の中心勢力が、率先して名乗りをあげることによって、諸藩を追従させようとしたのだ。

同月二十日、薩長土肥の四藩主が上表を提出し、箱館戦争の鎮圧をはさんで、六月二十五日までに二七四藩すべての版籍奉還が行われた。

実施にあたって、とくに目立った反対がなかったのは、実質的にさほどの変革を伴うものではなかったからだろう。いわば、新政府に対する儀式に過ぎないといった解釈さえ、なされていたほどだ。

こうして版籍奉還は実現したが、その効果は、やはり不十分なものだった。むしろ、かえって藩政の主導権をめぐって政府と諸藩の対立をまねくことになり、国政は混乱した。さらに、維新に不満をもつ士族、農民の暴動も相次ぎ、政府は危機的状況におちいったのである。

この危機を乗りきるためには、政府の権力強化をはかるほかに方法はない。そこで、一か八かの打開策として考えられたのが、「廃藩置県」だった。

これは、従来の「藩」そのものを廃止し、かわって「県」という行政単位を置くものだ。版籍奉還とくらべて大きく違うのは、旧藩主を長とすることを認めず、政府から送り込まれた他人が「県知事（府知事）」をつとめるという点だった。

旧藩主は、国許との交流を断ち切るため、みな東京に住むことを義務づけられた。これならば、諸藩（県）は完全に政府の掌握するところとなり、念願の中央集権国家が実現できる。主唱者の山県有朋（長州）、井上馨（同）が、木戸や西郷隆盛（薩摩）の賛成を得て、廃藩置県案は実行に移されることになった。

しかし、この急進的な改革を断行するには、当然のことながら反発が予想された。へたをすれば、せっかくつくった新政府が崩壊しかねないほどの大問題だった。

明治四年（一八七一）七月九日、木戸の屋敷に、西郷と弟の従道《じゅうどう》、大久保、大山巌《いわお》、山県、井上が集まり、廃藩置県の実行と、その背景として武力の用意をすることが決められた。

山県有朋（1838～1922）
長州藩士（国立国会図書館蔵）

当時、政府は、御《ご》親兵《しんぺい》として薩摩、長州、土佐の三藩に兵を供出させており、その合計は一万人におよんでいた。今回、この兵力を背後にちらつかせながら、強引に廃藩置県を断行しようというのだった。

むろん、強兵で知られた薩長土兵に攻められれば、かなう藩などなく、いずれも滅亡の道をたどるだろう。そのため、七月十四日に明治天皇からの詔《みことのり》として廃藩置県が宣言されると、すべての藩がこれを受け入れることになった。

木戸、西郷、大久保らの武力行使も辞さずという不退転の決意が、成功を呼んだのである。

こうして当時存続していた二六一藩は廃止され、全国はあらためて三府三〇二県（十一月に整理統合されて三府七二県）に再編された。明治政府の念願だった中央集権国家の基礎が、ここにようやくできあがったのだった。

岩倉遣外使節団、海を渡る

廃藩置県をなしとげた明治政府首脳が、次に行ったことは、大規模な使節団の欧米への派遣だった。

目的の第一は、日米修好通商条約など安政のころに結ばれた条約に改正すべき点があるとして、そのための予備交渉を行うこと。第二は、諸外国の制度、文物などを実地に見聞し、調査することであった。

特命全権大使は岩倉具視（右大臣）。副使として木戸孝允（参議）、大久保利通（大蔵卿）、伊藤博文（工部大輔《たゆう》）、山口尚芳《なおよし》（外務少輔《しょうゆう》）の四人が任命され、総勢四八人の使節団が編成された。一行には、ほかに山川捨松《やまかわすてまつ》ら女子五人を含む海外留学生五九人も随行していた。

この岩倉遣外使節団が横浜を出発したのは、明治四年（一八七一）十一月十二日。最初の目的地であるアメリカ・ワシントンに着いたのは、日本暦の明治五年（一八七二）一月二十一日だった。

二十五日にホワイトハウスでグラント大統領に謁見した岩倉らは、次いで二月三日にフィッシュ国務長官に面会し、条約改正の話を切り出した。しかし、フィッシュが語ったのは、あなたがたは談判についての天皇の全権委任状を持ってきたかということだった。

これには岩倉らも驚いた。そういうものが必要とは思っていなかったから、もちろん持ってきてはいない。

あわてて副使の大久保と伊藤が日本に帰り、委任状を持って再渡米することになった。二月十二日から十三日にかけて大久保、伊藤がワシントンを出発。使節団は、その第一歩から大きくつまずいてしまったのである。

しかも、帰った東京では留守政府の反対にあって委任状がなかなか発行されず、やっとのことで委任状を受け取った大久保らが、再びワシントンに帰り着いたのは四か月後の六月十七日のことだった。

これではもはや時間切れでもあり、同日、使節団とアメリカの条約改正交渉は正式に打ち切られた。大久保は、みずからの痛恨の失敗に愕然とするばかりだった。

当初の予定では、使節団は一二の国を十か月半で回覧するという計画だったのだが、こ

特命全権 岩倉使節一行。
左から木戸孝允、山口尚芳、岩倉具視、
伊藤博文、大久保利通（山口県文書館蔵）

の大失敗のために、アメリカ滞在だけで六か月を費やしてしまい、全行程をまっとうするまでに一年十か月を要することになった。

それでも、明治日本を牽引していかなければならない使節団としては、落ち込んでばかりではいられない。

第二の目的である諸外国の進んだ制度、文物を調査するため、さらなる回覧を続けなければならなかった。七月三日、アメリカ・ボストンを出発した一行は、七月十四日にイギリス・ロンドンに至った。

次いで十一月にフランス、翌明治

六年（一八七三）二月にベルギー、オランダ、三月にドイツ、ロシア、四月にデンマーク、スウェーデン、五月にイタリア、六月にオーストリア、スイスを訪問し、その間、一行は各国の元首と面会したり、国々の視察につとめた。

なかでもドイツの鉄血宰相と呼ばれたビスマルクが、使節団を招いた宴席で行ったスピーチは、一同にとって大変印象深いものだった。

「私が幼いころ、わがプロイセン国（ドイツ）が弱体であったことはみなさんもご存じのことであろう。そのころ私は小国としての実際の状況をみずから体験し、常に憤懣を感じていたことは、今も脳裏にはっきりと記憶している。（中略）私は憤激して、いつかは国力を強化し、どんな国とも対等の立場で外交を行おうと考え、愛国心を奮い起こして行動すること数十年、とうとう近年に至ってようやくその望みを達した」

日本と同様に小さな国だったドイツが、強国に負けまいと努力して、やがて一流国の仲間入りをした。このスピーチは、使節団一行、特に大久保利通の心をつかみ、以後の彼の行動に大きな影響を与えることになったのである。

そのころ大久保は、日本の内政が紛糾しているとの報告を受け、ビスマルクと会った直後の三月二十八日に使節団と別れて一足先に帰国の途についた。日本に着いたのは五月二十六日のこと。

木戸もまたロシア訪問後の四月十六日に一行と別れ、ウイーン、イタリア、スイス、ドイツ、フランスなどを独自に視察し、七月下旬に帰国した。木戸の場合は、各国を団体行動ではなく自由に見てまわりたいという趣向であったとも思われる。

岩倉ら一行は、全行程の回覧を終えたあと、七月二十日にフランスのマルセイユを出発し、九月十三日に日本に帰り着いた。

旅の端緒でアメリカにはねつけられた条約改正問題については、ヨーロッパ滞在中も諸国に対して改正の希望を訴えたが、なんら成果はなかった。それでも、明治政府の首脳がみずから海を渡り、欧米の進歩を目の当たりにしたことが、岩倉遣外使節団の大いなる意義であったことはいうまでもない。

留守政府、改革を進める

岩倉遣外使節団が欧米を回覧している間、彼らの留守を預かっていたのは、三条実美（太政大臣《だじょう》）、西郷隆盛（参議）、板垣退助（参議）、大隈重信《おおくましげのぶ》（参議）らの顔ぶれだった。大久保利通（大蔵卿）、木戸孝允（参議）を欠いているとはいえ、西郷や板垣ら維新の功臣が居並ぶ布陣は、使節団とくらべても決して見劣りはしなかった。

ただ、この留守政府と使節団との間には、出発にさいしてある約定が結ばれていた。それは、「使節団の留守中はなるべく新規の改正を行わないこと。万一やむをえず改正を行うならば、使節団の許可を得ること」といった内容の「十二箇条の約定」であった。

つまり、自分たちの留守中に勝手なことをしてくれるなよという、留守政府に対する「足かせ」とでもいうべき取り決めだった。明治も四年になり、廃藩置県さえなしとげた政府だったが、いまだ首脳陣の足並みは揃っているとはいえない状況だったのである。

約定まで結んだのだから、留守政府も滅多なことはしないだろうと、たかをくって使節団は出発した。しかし、それは甘い見通しだった。留守政府は、大久保らがいないのをいいことに、約定を無視して次々に改革を行っていったのである。

皇族・華族・士族・平民の身分制定、学制改革、国立銀行条例の制定、太陽暦の採用、徴兵制、地租改正などの改革が、留守中に相次いで実施された。これだけの改革が、このような短期間で行われたのが信じられないほど、見事な成果ということができた。

大隈重信（1838～1922）
佐賀藩士

また、佐賀藩出身の江藤新平《えとうしんぺい》が明治五年（一八七二）四月二十五日に司法卿に就任すると、司法省の強化も積極的に進められた。司法権の独立こそが日本の近代化をなしとげると信じる江藤は、政府内部の汚職なども徹底的に追及した。江藤は、幕末期に志士としての活躍はほとんどできなかったが、戊辰戦争から明治初年にかけて急速に頭角を現した人物である。ほかの志士あがりの者が、政権運営に苦労しているなかで、江藤だけは新時代に対するビジョンを明確に持っていた。

肥前佐賀藩は、「薩長土肥」の一角に数えられてはいるが、強大な薩長閥の前にはごく弱小な存在でしかなかった。政権は結局のところ薩長の派閥によって運営されている、その状況が、江藤にとっては不満でならなかった。

そんな江藤であったから、大久保利通、木戸孝允という薩長の大物が使節として日本を離れることは、むしろ邪魔者がいなくなって好都合だった。留守中の勝手な改革を禁じた約定などは、やってしまえばこっちのものぐらいに思っていたのである。

いわば江藤旋風が明治政府内に吹き荒れていた、そのさなかに大久保が帰国した。明治六年（一八七三）五月二十六日のことだ。

帰国した大久保は、江藤を中心とする留守政府が、約定をまったく守らずに改革を行っていることに驚いた。盟友の西郷隆盛までもが、それに乗せられてしまっている。

この状況下で、自分ひとりが留守政府に立ち向かっても勝ち目はない。そうさとった大久保は、使節団が帰国するのをひたすら待つことにした。それまでの間は、静養と称して、東京を離れて箱根で温泉に入ったり、富士山に登山したりした。今は下手に動いても仕方ない。そう考えた大久保の、敵を油断させるための策だった。

明治六年の政変で政府分裂する

岩倉遣外使節団の留守中に、留守政府が進めた大きな問題がもう一つあった。「征韓論」といわれるものである。

明治政府が送った国書を受け取ろうとせず、日本に対して無礼な行為が目立っていた隣国朝鮮を、武力で討とうという征韓論がそのころ政府で論じられていた。

ことは政府内のみならず、士族、つまりかつての武士たちの間でも大きな盛り上がりを見せていた。

この状況に対して留守政府の西郷隆盛は、自分が朝鮮への使節となって渡航するが、談判がこじれたら朝鮮政府は自分を殺すであろう。そうすれば逆に出兵の大義名分も立つので、ぜひとも自分を使節に任命してほしいと希望したのだった。

その希望が受け入れられ、明治六年（一八七三）八月十七日、西郷の朝鮮派遣が閣議で決定。ただし正式な発令は、岩倉使節団が帰国してからということになった。

すでにこの時期、大久保利通と木戸孝允は帰国していたが、大久保は前述したように事態を静観中であり、木戸は体調不良を理由に政務に復帰していない。おそらくは木戸の場合、留守政府の暴走を見て嫌気が差してしまったのだろう。

九月十三日、岩倉具視がようやく帰国した。岩倉もまた、留守政府のやり方に困惑したが、ともかく征韓論には反対であったので、大久保と語らって巻き返しに出た。

まずそれまで大蔵卿だった大久保を、十月十二日付で参議に格上げした。大久保の場合、かつて仕えていた薩摩の島津久光から妬《ねた》まれるのが嫌で、参議になるのを控えていたのだが、事態がこうなってはそうもいっていられなかった。

これでようやく征韓反対派の参議は四人。征韓派の参議は五人であったからまだ数の上では負けているが、対等の議論はできるようになった。両派の顔ぶれは次のとおりである。

征韓派
西郷隆盛（薩摩）　板垣退助（土佐）　江藤新平（佐賀）　副島種臣《そえじまたねおみ》（佐賀）　後藤象二郎（土佐）

非征韓派

岩倉具視（公家）　大久保利通（薩摩）　木戸孝允（長州）　大隈重信（佐賀）　大木《おおき》喬任《たかとう》（佐賀）

中立

三条実美（公家）

右のうち、江藤、後藤、大木の参議昇格は、やはり岩倉使節団の外遊中に行われたもので、これも留守政府の約定違反人事ということになるだろう。

ともあれ注目の閣議が、十月十四日に行われた。

いまだ病中ということで木戸が欠席したため、非征韓派は数の上でまた不利となった。閣議の席では、西郷らがすでに朝鮮使節派遣は決定済みのことと主張し、岩倉、大久保らは欧米にくらべて日本がいかに遅れをとっているかを説き、いまは内政

副島種臣（1828～1905）
佐賀藩士

を優先するべきと反論した。結局、双方の言い分は平行線をたどるだけで決着がつかず、翌十五日に再度、閣議が行われた。

西郷はこの日、自分の派遣が認められなければ参議を辞任するといって、閣議を欠席した。すると三条と岩倉は、影響力の大きい西郷に辞任されては一大事と判断し、ついに西郷派遣を認める決定を下したのだった。

岩倉に裏切られた形になった大久保は、あきれて十七日に辞表を提出、木戸、大隈、大木もそれにならって参議を辞任した。そのため、十七日に行われた閣議には征韓派だけが出席することになり、西郷派遣のことは文句なく決定されるものと思われた。

ところが、最終判断を下す立場にある三条実美はもともと気の小さい人物であったから、辞任したとはいっても大久保ら非征韓派の動向を無視できず、いったい自分はどうすればいいのかと悩み抜いていた。ついに精神的に参ってしまい、十八日の朝、高熱を出し、人事不省の状態におちいった。

あるいはこれは仮病であったかもしれない。真実はどちらであったか、いまとなっては藪《やぶ》の中というほかないが、状況としては非征韓派のほうに大きく有利にかたむいたのは事実だった。

二十二日、西郷、板垣、江藤、副島の四人が岩倉を訪問し、閣議決定事項を天皇に上奏するよう訴えるが、病気の三条の代理として岩倉自身が天皇に申し上げると宣言した。そういうことになれば、岩倉の口から決定とは反対のことが上奏される可能性があり、征韓派は一気に不利になる。

はたして二十三日、岩倉は閣議決定を無視し、征韓は時期尚早であり、使節派遣は無用という意見を上奏した。翌二十四日には天皇の裁可を受け、明治六年の征韓論争は一転、非征韓派の勝利ということで決着をみたのである。

即日、西郷は憤然として参議を辞職し、板垣、江藤、副島、後藤の四参議も辞表を提出。いずれも政府に見切りをつけて野に下ったのだった。

江藤新平と佐賀の乱

明治六年（一八七三）十月の政変によって、政府は文字どおり真っ二つに割れた。五人の参議が抜けた穴に対しては、とりあえず伊藤博文（工部卿と兼任）、寺島宗則《てらしまむねのり》（外務卿と兼任）を昇任させて補充し、また旧幕臣の勝安芳《やすよし》（海舟。海軍卿と兼任）を起用して政権の安定をはかった。

しかし、大久保利通にとっては、この状況は逆に好都合といえた。反対勢力のいなくなったいま、自分の思いどおりの政権運営ができる絶好の機会がやってきたのだった。

政変から一か月もたたない十一月十日、かねてからの念願だった「内務省」を大久保は創設した。これは、地方行政、民生、勧業、治安、土木、交通通信など、従来のあらゆる権力を集中させた巨大な組織だった。

その長である内務卿にみずからが就任し、明治政府の中心に立って政務を推進していく。政府崩壊の危険さえあった政変を乗り越えて、大久保は生まれ変わったように専制的な政治家となり、辣腕をふるっていくのだった。

一方、下野した五人の参議のうち、板垣退助、江藤新平、副島種臣、後藤象二郎の四人は、年明けの明治七年（一八七四）一月十二日、わが国最初の自由民権派政党である愛国公党を結成した。十七日には、「民撰議院設立建白書」を政府に提出し、広く公議によって政治は行われるべきだと主張した。

板垣は、西郷隆盛も当然加わってもらえるものと信じていたが、意外なことに西郷は同調しなかった。板垣らの進める民権運動は、西郷の考えとはまた違っていたのだろう。西郷はひとり鹿児島に帰国し、陸軍少将・桐野利秋《きりのとしあき》（中村半次郎）ら、西郷を信奉する多くの薩摩人が追従して政府を去った。

そして、愛国公党結成メンバーの一人、江藤新平が、「民撰議院設立建白書」に署名こそしたものの、その直後に肥前佐賀に帰国した。国許の不平士族が暴発の動きを見せているとの情報に接し、それを抑えるためにみずから佐賀へ向かったのだった。

同志板垣は江藤に対し、いま帰国すれば君も暴発に引き込まれてしまうといって反対したが、江藤は聞き入れなかった。論客として知られた江藤であったから、士族たちを説得できる自信があったのだろう。

しかし、板垣の不安は的中した。二月十二日、佐賀に入った江藤は、征韓論を主張する若者のグループ・征韓党に首領にかつぎあげられてしまった。

彼らにとっては、中央政界で征韓論を唱えていた江藤は、英雄ともいうべき存在であり、江藤が下野したあとは佐賀に帰国するのを待ちわびていたのである。

佐賀にはもう一つ、王政復古を主張する憂国党という士族のグループもあり、その首領となった島義勇《しまよしたけ》とも語らい、両党合わせて二五〇〇の軍勢となった。二月十六日、彼らは挙兵し、佐賀城を一気に攻略した。

江藤らの意気は上がったが、うまくいったのはここまでだった。

政府では大久保利通みずからが鎮圧に乗り出し、二十日、大軍を指揮して佐賀に進軍。反乱軍はたちまちのうちに劣勢に立たされてしまったのだ。

佐賀城は三月一日には奪還されることになるが、二月二十三日には江藤は早々と佐賀を脱出し、鹿児島に向けて逃亡した。鹿児島行きの目的は西郷に会うためで、幸いに西郷と話はできたものの、佐賀の乱に同調することは拒否された。

次いで江藤は、高知へ行き、同調してくれそうな林有造《はやしゆうぞう》に会おうとしたが、すでに政府の手がまわっていて果たせなかった。結局、江藤は逃亡の末の三月二十九日、高知と徳島の境で捕縛されたのだった。

江藤の誤算は、自分が立てば、諸国の不平士族が必ず呼応して立ち上がると思いこんでいたところにあった。だからわずか二五〇〇の兵でも事はなると信じ、無謀とも思える挙兵に出たのである。

捕縛された江藤に対する大久保の対処は非情なものだった。普通であれば、逮捕者は東京に護送して裁判にかけるはずだったが、なんと大久保は、内務卿の権限で佐賀に臨時裁判所を開き、そこで江藤を処分した。

判決は断罪の上、梟首。四月十三日に刑が執行されるとき、江藤の振る舞いが未練がましいものだったというので、大久保は「江藤醜体笑止なり」と日記に書いた。政敵ともいうべき江藤を葬り去り、以後、大久保の専制は一層際立っていくのだった。

江藤新平（1834～1874）
佐賀藩士

不平士族の反乱相次ぐ

佐賀の乱のあと、少しの間は不平士族の反乱は沈静化していた。しかし、明治九年（一八七六）になって、相次いで出された法令が士族たちの怒りに火をつけた。

三月二十八日に布告された帯刀禁止令は、一般に廃刀令ともいう。「今後、軍人や警察官などのほかは、帯刀を禁止する」との内容で、古来より刀を帯びるのが常識とされた武士階級出身者にとっては厳しい宣告だった。

また、士族の禄を廃止するための秩禄処分として、八月五日に金禄公債証書発行条例が布告された。「家禄・賞典禄を廃止して、そのかわりに公債証書を発行する」というものだ。つまり士族は、禄高がなくなる代償として公債証書（期限付き）を受け取り、その利息分だけの収入で生活しろということだった。

これらの法令は、経済的にも、精神的にも士族たちを追いつめることになった。

特に、武士の魂というべき刀を帯びることを禁ずる廃刀令は、彼らの誇りを踏みにじった。ほかのことは我慢できても、武士としてこのことだけはどうしても承服できないという思いが、各地の不平士族の反乱の火種となったのである。

まず熊本県で、大田黒伴雄《おおたぐろともお》ら神風連《じんぷうれん》の乱が起こった。大田黒は神主で、日本古来の神道を重んじ、政府の欧化主義に反対する者たちとともに神風連を名乗っていた。

十月二十四日、百九十余の神風連が熊本城（熊本鎮台）を攻め、熊本鎮台司令長官・種《たね》田政明《だまさあき》、熊本県令・安岡良亮《やすおかりょうすけ》を殺害。緒戦としては最高の成果をあげることができた。

前原一誠（1834～1876）
長州藩士（北海道大学附属図書館蔵）

しかし翌二十五日、態勢を整えて反撃に出た鎮台兵のために、神風連はかなわず敗走する。大田黒をはじめ一二〇人ほどが討ち死にし、乱は二日間で鎮圧された。

最新の武備を誇る鎮台兵に対し、神風連は日本古来の刀と槍だけで立ち向かったのであるから、最初から勝敗が見えていた戦いだった。

この神風連の乱と呼応したのが、福岡県秋月で起こった秋月の乱である。

十月二十四日に熊本城で神風連が種田政明を討ち取ったのを、応援に行っていた旧秋月士族・蒲池作之助《はすいけさくのすけ》が見て国許に報告した。そのため、神風連の挙兵は成功したものと判断され、秋月でも呼応して兵を挙げることに決したのだった。

十月二十七日、宮崎車之助《みやざきくるまのすけ》・今村百八郎《いまむらひやくはちろう》ら約二三〇人の旧秋月士族が挙兵。二十九日には、旧小倉藩の豊津におもむき、豊津士族の決起をうながそうとした。

しかし豊津士族はこれに応じず、逆に小倉鎮台兵と合同して秋月勢を撃退した。惨敗した秋月勢のうち宮崎ら七人は責任を感じて、三十一日に自刃して果てた。

戦闘を続行した今村らは十一月一日に秋月を襲い、福岡県少属・加藤木貞次郎らを殺害したが、十一月三日には鎮圧された。今村は二十四日に逮捕され、十二月三日に断罪となったのである。秋月の乱の場合、計画に甘さが目立ち、もともと勝ち目のない戦いといわざるをえなかった。

神風連の乱に呼応しようとした反乱は、もう一つあった。山口県萩で勃発した萩の乱である。萩の乱の首謀者は、前原一誠《まえばらいっせい》。吉田松陰の松下村塾で学び、志士として活躍したのち、明治政府で兵部大輔までつとめた大物だ。同じ長州出身の木戸孝允と意見が合わず、明治三年（一八七〇）に政府を去ったあとは、国許で隠棲していた。

その前原が、萩の不平士族を集めて不穏な動きをみせているという情報は木戸にも届いていたが、ついに挙兵に至ったのだった。

神風連の乱を知った前原は、十月二十八日、実弟の山田頴太郎《やまだえいたろう》、奥平謙輔《おくだいらけんすけ》らの同志三百三十余人を率いて山口県庁を襲撃しようとした。襲撃が成功したのちは、東京まで進軍し、天皇の君側《くんそく》の奸《かん》を除こうという計画だったという。

しかし、広島鎮台山口屯営兵四〇〇人をはじめとする政府軍がすぐに鎮圧に向かい、反乱軍と交戦した。そのため、前原らは目標の山口県庁に到達もできず、萩付近で十日間ほども戦い続けることになった。

結局、両軍に多くの戦死者を出した末に前原は戦闘続行を断念、石見《いわみ》に向けて脱出しようとしたが、十一月六日に奥平らとともに捕縛された。前原の身柄は山口に送られ、十二月三日、奥平ら七人とともに断罪となり、乱は平定された。

かつて吉田松陰に嘱望《しょくぼう》された逸材も、新時代にはついに適応できず、この世を去った。三件の不平士族の反乱は、お互いに呼応はしていたものの、連携がまったくとれていなかったことが敗因となって潰え去ったのである。

西郷隆盛、西南戦争に散る

相次ぐ士族反乱を鎮圧した内務卿・大久保利通には、最後の、そして最大の悩みがまだ残っていた。

故郷の鹿児島に帰ったままの西郷隆盛である。

西郷は、明治七年（一八七四）六月に鹿児島に「私学校」と称する学校をつくり、若い士族の教育にあたっていた。これは篠原国幹《しのはらくにもと》を長とする銃隊学校と、村田新八《むらたしんぱち》を長とする砲隊学校からなっていて、このことからもわかるように、かなり軍事的な色合いの強い学校であった。

ほかに、吉野山の開墾を目的とした開墾社、少年教育のための賞典学校も西郷は設立しており、これらも広い意味での私学校に含まれた。西郷自身は、開墾社での農作業に加わって汗を流すことはよくあったが、それ以外の学校での指導は自分ではほとんど行わず、すべて後進にまかせていた。

そのせいもあり、西郷の意志とは関係なく、私学校はしだいに反政府的な性格を強めていったのである。

また、鹿児島県令・大山綱良《つなよし》が、西郷寄りの人物であったこともあり、県内の要職を私学校の者が占めるようになった。別府晋介《べっぷしんすけ》、辺見十郎太《へんみじゅうろうた》、野村忍介《のむらおしすけ》らがその例で、明治九年（一八七六）ごろになると、鹿児島県は政府の統治も及ばない部分が目立っていた。

その状況を、木戸孝允などは「独り独立国の如し」と慨嘆した。木戸は前述したようにここ数年体調がすぐれず、そのせいもあって政治に対する意欲さえ失っていた感があった。

しかし、大久保の場合はそういうわけにはいかなかった。明治政府の事実上の責任者として、そして西郷のかつての盟友として、鹿児島があたかも独立国の様相を呈している状況を見逃しておくことはできなかったのである。

最初に動いたのは大久保のほうだった。そのためこれを大久保の挑発行為ととることもできる。

明治九年十二月下旬、中原尚雄《なかはらなおお》ら薩摩出身の警察官など二三人が鹿児島に派遣された。名目は帰省ということだったが、その実は、西郷と私学校党の動向を探る任務をおびた密偵だった。

中原らが鹿児島に着いたのは、翌明治十年（一八七七）の一月半ば。そのことを知った私学校党は警戒したが、彼らをさらに刺激したのは一月下旬、政府の汽船が突然やってきて、鹿児島にある陸軍の火薬庫から夜間ひそかに弾薬を運び出したことだ。

保管してあった弾薬は政府のものであったから、本来はさほど問題のある行為ではなかったが、疑心暗鬼になっている私学校党は憤激した。そして一月二十九日夜、草牟田《そうむた》の火薬庫を襲撃し、大量の弾薬を奪って引き上げたのだった。

この報告を受けた西郷は、「しまった」と口走り、「なぜ弾薬などを盗むか」と残念そうにつぶやいた。

政府所有の弾薬を私学校党が強奪したとなれば、厳しい処置が下されるのは間違いない。下手をすれば私学校は廃止、そんな口実を政府に与えたことになるのだった。

西郷の落胆をよそにいきり立つ私学校党は、二月に入ると、中原尚雄らの密偵を全員捕らえて拷問を加えた。その結果、実は自分たちは西郷暗殺の密命をおびていると、中原が自白したという。

これは拷問に耐えかねて発した言葉である可能性が高いから、どこまで真実であったのかはわからない。しかし、私学校党のほうでは、やはり刺客であったかと激怒し、もはや誰も止められないほどに沸騰した。

二月五日、私学校本部で緊急会合が開かれた。西郷の意見を聞き、私学校党として兵を挙げるかどうか、決定する重要な会合である。

議論のなかで、永山弥一郎《ながやまやいちろう》、野村忍介らの自重論も出たが、篠原国幹、別府晋介、辺見十郎太らの主戦論が二百余人の参加者の圧倒的支持を得た。最後に桐野利秋が西郷自身の意見を求めると、西郷は、何もいうことはない、お前たちの良いと思うようにしてくれといい、

「この体はお前さぁたちに差し上げもんそ」

と微笑んだ。一同はわき返り、出兵は決まったのだった。

翌日から私学校党を中心とする薩摩軍の編成が行われ、総数は一万三〇〇〇人を数えた。これを七つの大隊に分け、一大隊を二千人とした。

そして二月十四日、薩摩軍の先鋒が出陣を開始、十七日には総大将の西郷も出発した。全軍がまず向かったのは熊本鎮台の置かれた熊本城で、そこを軽く突破してから、陸路東京に向けて進軍するという計画だった。

ところが二十二日、薩摩軍が攻城を開始しても、熊本城は一向に破れる気配がない。司令長官・谷干城《たにたてき》以下の鎮台兵の守りが予想外に堅固だったのだ。

薩摩軍は攻城を続けるが、そのうちに政府が六万もの征討軍を九州に送ったという情報が入る。やむなく薩摩軍は熊本城周囲に三〇〇〇の兵を残し、主力は北上を急ぐことにした。

すると二十七日、早くも到着した征討の政府軍が、薩摩軍と高瀬で激突した。激しい銃撃戦が展開され、両軍とも譲らぬ戦闘となったが、やがて篠原隊の銃弾が尽きて薩摩軍は退却を余儀なくされた。

緒戦で大きくつまずいた薩摩軍であったが、政府軍がそのまま一気に熊本城まで南下できたわけではない。熊本に至る途中には、要衝の田原坂《たばるざか》があったからだ。

田原坂は、二キロほどのゆるい勾配の坂で、一の坂、二の坂、三の坂と曲がりくねっている上、道の両側が切り立った崖になっているために全体の見通しがきかなかった。政府軍が熊本に向かうには、どうしてもこの難所を越える必要があったのである。

薩摩軍は、地の利をいかして道の左右に堡塁《ほうるい》を造り、敵を一斉射撃できる態勢をとった。この田原坂で敵を足止めできれば、包囲中の熊本城も手に入るのは確実で、戦況は大いに有利となるのだ。

三月四日、西南戦争中最大の激戦となる田原坂の戦いが始まった。初日の戦闘で薩摩軍は篠原国幹が戦死する痛手をこうむったが、降り出した雨のなか、一所懸命に政府軍と小銃で渡り合った。

政府軍の主力小銃が元込め式のスナイドル銃だったのに対して、薩摩軍は先込め式のエンフィールド銃であったから、五日以降も降り続いた雨には火薬が濡れて困らされた。

桐野利秋（1838～1877）
薩摩藩士
（北海道大学附属図書館蔵）

そこで薩摩軍は、銃に頼らず、抜刀して斬り込む戦法をとって、政府軍を恐れさせた。薩摩兵はほとんどの者が示現流《じげんりゅう》、自顕《じげん》流の剣を修行しており、その一撃必殺の斬撃は敵を震え上がらせた。

政府軍のほうでも、十四日、旧会津士族が多い警視隊（警察官兵）のなかから抜刀隊を選抜して対抗した。彼らのなかには、かつて戊辰戦争で薩摩に痛い目にあったことを忘れておらず、「戊辰の復讐！」と叫びながら剣をふるった者もあった。

「雨は降る降る人馬は濡れる、越すに越されぬ田原坂」とはのちに歌われた歌だが、両軍の膠着《こうちゃく》した戦いは十六日間続いた。

そして三月二十日、政府軍は猛攻の末についに薩摩軍を退却させ、田原坂を抜いた。戦力の劣る薩摩軍としては、むしろよく持ちこたえたというべきか。

四月十五日、政府軍は熊本城に入城。薩摩軍は田原坂を撤退して以降、敗戦への道をたどっていくことになる。

熊本城を落としたあと、東京まで攻め上る予定が、結果的に九州から出ることもできずに薩摩軍は南下した。人吉から宮崎、延岡と敗走を続け、わずか七〇〇に減ってしまった兵とともに西郷は九月一日、鹿児島に帰還した。

もはやこれまでと察した西郷は、従う者三七〇人とともに城山《しろやま》に登り、岩崎谷の洞窟にこもった。それを包囲する政府軍は、すでに五万の大軍となっていた。

政府軍の総攻撃が開始されたのは、九月二十四日の午前四時。砲声を耳にした西郷は、桐野、村田、別府、辺見らの幹部四〇人ほどとともに洞窟を出た。そして一同、敵の銃砲弾が飛来するなかを、堂々と山を駆け下りていった。

やがて銃弾が西郷の太股と脇腹に命中し、西郷は倒れた。そして、かたわらの別府に向かい、「晋どん、もうここでよか」と告げた。

別府は、涙をふりしぼりながら腰の刀を抜き、端然と正座して手を合わせている西郷の首を落とした。享年五十一。午前七時ごろのことだった。

別府のほか、桐野、村田、辺見らも西郷を追うようにして戦死をとげ、七か月にもおよぶ西南戦争はこの日、終結した。薩摩軍の戦死者約五〇〇〇人、政府軍の戦死者も七〇〇〇人近くにのぼったという。

多大な犠牲を払いながらも、わが国最後の内戦は、こうして幕を降ろしたのである。

おわりに

西郷隆盛の反乱のさなかの明治十年（一八七七）五月二十六日、木戸孝允が病のために京都で没していた。

病名は胃癌であった。この年の一月に発病して以来、病魔と闘っていたが、勝てなかった。

闘病中に勃発した西南戦争のことを病床で気にやみ、

「西郷もう大抵にせんか」

とうわごとのようにいいながら、逝《い》った。年四十五歳。

維新の三傑の一人に数えられながら、維新後の木戸は何をするにしても精彩を欠いた。その点は西郷も同じで、維新をなしとげた木戸と西郷とは思えないほど、明治政府内で存在感を失っていた。

彼らはつまり、革命家ではあっても、政治家ではなかったということか。徳川幕府を打倒し、明治政府を樹立した時点で、彼らのなすべきことは終わっていたのかもしれなかった。

維新の三傑のうち、唯一、革命家と政治家の要素を合わせ持っていたのが大久保利通。

木戸と西郷の亡きあと、明治政府の舵取りを担うはずだった大久保は、しかし、それができなかった。

木戸、西郷の死の翌年、すなわち明治十一年（一八七八）五月十四日、赤坂紀尾井坂で不平士族に襲われ、暗殺されたのだった。年四十九歳。

鹿児島士族という最大の気がかりがなくなり、これからが明治政府の真のスタートというときに、まさかの凶刃《きょうじん》がふるわれた。犯人は、西郷に心酔する石川県士族・島田一良《いちろう》ら六人で、全員逮捕されて処刑されたが、大久保を失ったことは政府にとって痛すぎる出来事だった。

それにしても、わずか一年の間に、近代日本の扉を開けた三人の英傑が相次いでこの世を去った。

運命のいたずらといおうか、歴史の必然というべきか――。以後の政府は、大久保のあとを継いで内務卿となった伊藤博文らによって担われることになる。

ペリー来航から二十五年――。ここに至るまでには幾多の逸材が登場し、志のもとに生命さえ擲《なげう》って行動した。そうした礎《いしずえ》の上に明治維新がなり、日本はようやく近代国家として生まれ変わることができたのである。

二〇一八年二月

山村竜也

幕末維新略年表

嘉永6年（1853）
6月3日　ペリー率いるアメリカ艦隊が浦賀に来航する
6月22日　12代将軍徳川家慶没する

安政元年（1854）
1月16日　ペリー艦隊が再び来航する
3月3日　アメリカとの間に日米和親条約が締結される

安政2年（1855）
10月2日　安政の大地震が起こる
10月24日　長崎海軍伝習所が発足する

安政3年（1856）
4月25日　講武所が設置される

7月21日　アメリカ駐日総領事ハリスが来日する
8月　長州藩士吉田松陰が松下村塾を主宰する

安政4年（1857）
5月26日　アメリカとの間に下田協約が締結される
10月21日　ハリス、将軍徳川家定に謁見する

安政5年（1858）
4月23日　彦根藩主井伊直弼、大老に就任する
6月19日　アメリカとの間に日米修好通商条約が締結される
7月6日　13代将軍徳川家定没する
9月7日　小浜藩士梅田雲浜が捕縛。安政の大獄始まる
11月16日　薩摩藩士西郷吉之助、僧月照と入水し、月照死亡する

安政6年（1859）
10月7日　福井藩士橋本左内が処刑される

10月27日　吉田松陰が処刑される

万延元年（1860）

1月19日　幕臣勝海舟、咸臨丸で浦賀を出航してアメリカへ向かう

3月3日　井伊直弼、江戸城桜田門外で水戸浪士らに暗殺される（桜田門外の変）

12月5日　アメリカ通訳ヒュースケンが薩摩藩士らに殺害される

文久元年（1861）

5月28日　水戸浪士ら、高輪東禅寺に置かれていたイギリス公使館を襲撃する（第一次東禅寺事件）

文久2年（1862）

1月15日　老中安藤信正、江戸城坂下門外で水戸浪士らに襲撃される（坂下門外の変）。

2月11日　14代将軍徳川家茂、孝明天皇の妹・和宮と婚儀をあげる

4月23日　薩摩藩の尊攘派、伏見寺田屋で討伐される（寺田屋事件）

7月20日　九条家家臣島田左近、薩摩藩士田中新兵衛に殺害される（天誅の開始）
8月21日　薩摩藩の島津久光一行、神奈川の生麦で無礼を働いたイギリス人を殺傷する（生麦事件）
閏8月1日　会津藩主松平容保が京都守護職に任じられる
閏8月20日　越後浪士本間精一郎、土佐浪士岡田以蔵らに殺害される
12月9日　土佐浪士坂本龍馬、勝海舟に入門する
12月12日　長州藩士高杉晋作ら、イギリス公使館を焼き打ちする

文久3年（1863）

3月4日　将軍徳川家茂が上洛する
3月12日　江戸浪士近藤勇ら、京都守護職松平容保の預かりとなり壬生浪士（のちの新選組）を結成する
5月10日　長州藩士久坂玄瑞ら、下関海峡を通過したアメリカ商船を砲撃する
6月7日　高杉晋作、奇兵隊を創設する
7月2日　イギリス艦隊が薩摩藩を攻撃する（薩英戦争）
8月17日　天誅組、大和で挙兵するが、まもなく鎮圧される

8月18日　薩摩藩と会津藩が提携し、長州藩と7人の尊攘派公卿を京都から追放する（8月18日の政変）

元治元年（1864）

1月8日　参預会議が開催されるが、二か月で解散となる
3月27日　天狗党、水戸筑波で挙兵する
5月29日　神戸海軍操練所が発足する
6月5日　新選組、京都三条の池田屋に集合していた尊攘派浪士を襲撃する（池田屋事件）
7月19日　長州藩、御所に砲撃し、薩摩藩・会津藩らに撃退される（禁門の変）
7月23日　第一次長州征伐が始まる
8月5日　四か国連合艦隊、長州の下関を攻撃する

慶応元年（1865）

2月　高杉晋作ら、長州藩の保守派政権を打倒する
5月　神戸海軍操練所生の坂本龍馬ら、薩摩藩に身を寄せて亀山社中を結成する

慶応2年（1866）

1月21日　薩摩藩と長州藩の間に薩長同盟が締結される
6月7日　第二次長州征伐（幕長戦争）が始まる
7月20日　将軍家茂、大坂城内で病死する
9月2日　勝海舟、広島で長州藩士広沢兵助らと会談し、休戦協定を締結する
12月5日　徳川慶喜、15代将軍に就任する
12月25日　孝明天皇、崩御する

慶応3年（1867）

1月9日　明治天皇、即位する
4月　坂本龍馬の亀山社中、土佐藩の支配下に入り、海援隊に改編される
5月21日　薩摩藩と土佐藩の間に薩土密約が締結される
6月　坂本龍馬、船中八策を起草し、新国家の構想を提示する
6月22日　薩摩藩と土佐藩の間に薩土盟約が締結される
10月14日　徳川慶喜、大政奉還を朝廷に上表する
11月15日　坂本龍馬、京都河原町の近江屋で見廻組に暗殺される

12月9日　王政復古の大号令が発令され、明治新政府が樹立される

慶応4年（1868）

1月3日　鳥羽伏見の戦いが勃発し、戊辰戦争が始まる

3月13日　勝海舟、三田の薩摩藩蔵屋敷で西郷吉之助と会談する

3月14日　勝海舟、同所で西郷吉之助と会談し、江戸城の無血開城が決定する

4月11日　新政府軍、江戸城に入城。徳川慶喜は水戸に隠退する

5月15日　彰義隊、上野で新政府軍と戦い敗北する

5月26日　遊撃隊長伊庭八郎、箱根山崎の戦いで左腕を失う

8月23日　会津戦争で白虎隊士ら自刃する

9月8日　慶応から明治へ改元される

9月22日　会津藩が降伏する

10月25日　榎本武揚率いる旧幕府軍、箱館五稜郭を占拠する

明治2年（1869）

5月11日　元新選組の土方歳三、箱館で戦死する

5月18日　五稜郭の榎本武揚らが降伏し、戊辰戦争が終結する
6月17日　版籍奉還がおこなわれる

明治4年（1871）

7月14日　廃藩置県がおこなわれる
11月12日　岩倉具視を正使とする岩倉遣外使節団、横浜を出発する

明治5年（1872）

12月3日　太陽暦を採用し、この日が明治6年1月1日となる

明治6年（1873）

10月24日　征韓論が敗れ、西郷隆盛、板垣退助ら一斉に下野する
（明治6年の政変）

明治7年（1874）

1月17日　板垣ら民撰議院設立の建白書を提出する

2月16日　江藤新平、佐賀の乱を起こすが敗れ、4月13日に処刑される

明治9年（1876）

3月28日　帯刀禁止令が布告される

8月5日　金禄公債証書発行条例が布告される

10月24日　熊本で神風連の乱が起こる

10月27日　福岡で秋月の乱が起こる

10月28日　山口で萩の乱が起こる

明治10年（1877）

2月14日　西郷隆盛、鹿児島で挙兵する（西南戦争）

5月26日　木戸孝允、病死する

9月24日　西郷隆盛、西南戦争に敗れ、城山で自決する

明治11年（1878）

5月14日　大久保利通、赤坂紀尾井坂で不平士族に殺害される

《主要参考文献》

・『日本史籍協会叢書』日本史籍協会編　東京大学出版会
・『維新史料綱要』東京大学史料編纂所　東京大学出版会
・『野史台維新史料叢書』日本史籍協会編　東京大学出版会
・『復古記』東京大学史料編纂所編　東京大学出版会
・『明治百年史叢書』原書房
・『史談会速記録』史談会　原書房
・『旧幕府』戸川安宅編　原書房
・『修補殉難録稿』宮内省編　吉川弘文館
・『続徳川実記』吉川弘文館
・『同方会誌』同方会編　立体社
・『江戸会誌』江戸会事務所　博文館
・『贈位諸賢伝』田尻佐編　近藤出版社
・『会津白虎隊十九士伝』宗川虎次
・『防長回天史』末松謙澄　柏書房
・『長州奇兵隊』古川薫　創元社

・『維新土佐勤王史』瑞山会編　冨山房
・『戊辰戦争史』平尾道雄　岬書房
・『徳川慶喜公伝』渋沢栄一　平凡社
・『京都守護職始末』山川浩　遠山茂樹校注　金子光晴訳　東洋文庫
・『一外交官の見た明治維新』アーネスト・サトウ　坂田精一訳　岩波文庫
・『ハリス日本滞在記』ハリス　坂田精一訳　岩波文庫
・『幕末異人殺傷録』宮永孝　角川書店
・『氷川清話』勝海舟　勝部真長編　角川文庫
・『大系日本の歴史12　開国と維新』石井寛治　小学館
・『ペリー提督日本遠征日記』M・C・ペリー　木原悦子訳　小学館
・『松下村塾』古川薫　新潮選書
・『「幕末」に殺された男』宮澤眞一　新潮選書
・『万延元年のアメリカ報告』宮永孝　新潮選書
・『日本の近代1　開国・維新』松本健一　中央公論社
・『日本の歴史19　開国と攘夷』小西四郎　中公文庫
・『廃藩置県』松尾正人　中公新書
・『奥羽越列藩同盟』星亮一　中公新書
・『王政復古』井上勲　中公新書

・『幕末長州藩の攘夷戦争』古川薫　中公新書
・『幕末閣僚伝』徳永真一郎　ＰＨＰ文庫
・『幕末維新戊辰戦争事典』太田俊穂編　新人物往来社
・『明治留守政府』笠原英彦　慶応義塾大学出版会
・『西郷隆盛一代記』村井弦斎編　報知社
・『明治維新人名辞典』日本歴史学会編　吉川弘文館
・『国史大辞典』吉川弘文館

本作品は二〇一三年十月にＰＨＰエディターズ・グループより刊行された『いっきにわかる幕末史』を改題・修正し、文庫にしたものです。

世界一よくわかる幕末維新

一〇〇字書評

切り取り線

購買動機（新聞、雑誌名を記入するか、あるいは○をつけてください）

□（　　　　　　　　）の広告を見て	
□（　　　　　　　　）の書評を見て	
□ 知人のすすめで	□ タイトルに惹かれて
□ カバーがよかったから	□ 内容が面白そうだから
□ 好きな作家だから	□ 好きな分野の本だから

●最近、最も感銘を受けた作品名をお書きください

●あなたのお好きな作家名をお書きください

●その他、ご要望がありましたらお書きください

住所	〒				
氏名		職業		年齢	
新刊情報等のパソコンメール配信を 希望する・しない	Eメール	※携帯には配信できません			

あなたにお願い

この本の感想を、編集部までお寄せいただけたらありがたく存じます。今後の企画の参考にさせていただきます。Eメールでも結構です。

いただいた「一〇〇字書評」は、新聞・雑誌等に紹介させていただくことがあります。その場合はお礼として特製図書カードを差し上げます。

前ページの原稿用紙に書評をお書きの上、切り取り、左記までお送り下さい。宛先の住所は不要です。

なお、ご記入いただいたお名前、ご住所等は、書評紹介の事前了解、謝礼のお届けのためだけに利用し、そのほかの目的のために利用することはありません。

〒一〇一‐八七〇一
祥伝社黄金文庫編集長　萩原貞臣
☎〇三（三二六五）二〇八四
ohgon@shodensha.co.jp

祥伝社ホームページの「ブックレビュー」からも、書けるようになりました。
http://www.shodensha.co.jp/bookreview/

祥伝社黄金文庫

世界一《せかいいち》よくわかる幕末《ばくまつ》維新《いしん》

平成30年 3 月20日　初版第 1 刷発行

著　者　山村《やまむら》　竜也《たつや》

発行者　辻 浩明

発行所　祥伝社《しようでんしや》

〒101－8701
東京都千代田区神田神保町 3－3
電話　03（3265）2084（編集部）
電話　03（3265）2081（販売部）
電話　03（3265）3622（業務部）
http://www.shodensha.co.jp/

印刷所　堀内印刷

製本所　積信堂

　ISBN978-4-396-31732-4 C0121